SCHWARZWALD

terra magica®

Clemens Emmler • Beate Kierey

SCHWARZWALD

terra magica

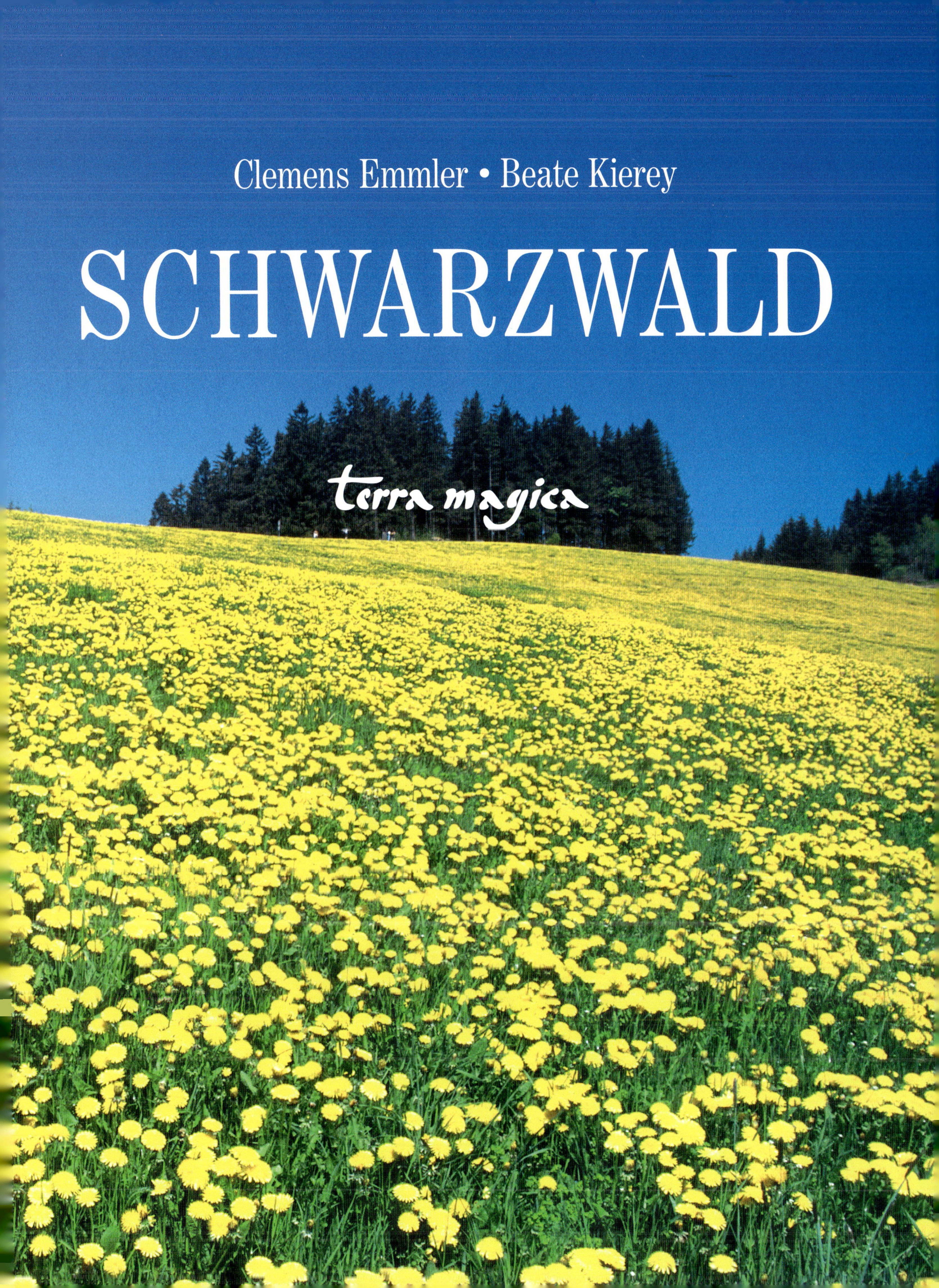

INHALT

HIER IST DER WALD DAS, WAS ANDERSWO DAS MEER IST . . 5
Es begann vor über 400 Millionen Jahren 6
Viele Moore und viel Sonne 7
Fürchtete sich gar ein Julius Cäsar? 10
Schwarzwalds Wald ist Schwarzwalds Sparkasse 12
Scharf beobachtender Mark Twain 13
Erster Skilift der Welt, erster deutscher Skiclub, erste deutsche Skiadler 14
Erst die Eisenbahnen – dann erste Hotels – dann erster Verkehrsverband – KONUS 15
Welt-erste Autofahrt führte in den Schwarzwald 16
Fest-Land Schwarzwald 18

ÜBER ALLEN GIPFELN – DIE GUTE SCHWARZWALDLUFT . . . 19
Der Höchste im Schwarzwald 19
Fantastische Aussichten vom Panoramaberg 21
Einst Hexentanzplatz 26
Tanz auf dem Vulkan Kaiserstuhl 27
Nordschwarzwälder Höhepunkte 28
Zeitabschnitte des Jahres – das Klima machts 30

VOM RAUSCHEN UND RINNEN 33
Die Flüsse des Schwarzwalds 33
Das Wasser fällt 35
Von Seen und Karseen 38
Schützenswertes Highlight: die Wutachschlucht, der Grand Canyon des Schwarzwalds 40
Feuchtgebiete 41
Mühlen im Schwarzwald 45
Dicke Fische angeln, segeln und rudern 46
Gesunde Wasser 48

FEUER UND ROHSTOFFE ALS QUELLE DER WIRTSCHAFT 52
Vom Steinzeitbergbau zur Solar-High-Tech 52
Wilhelm Hauffs Köhler Michel 56
Amsterdam steht auf Schwarzwaldtannen 56
Schnefler und Schnidesel 60
Auf den Hund gekommen 60
Geistvolles im Glas: von Bläsern und Brennern 61
Mühsames Seidenweberinnenleben 62
Holz maß die Zeit 63
Aus Edlem und Unedlem wird Schönes durch die Kraft des Feuers 64

ERDE – REICHES FÜLLHORN DES SCHWARZWALDES 66
Weinbau dank der Römer 66
Typisch Hinterwälder: grazile Tiere auf steilen Hängen und andere tierische Exoten im Schwarzwald 68
Dunkler Körper, helle Mähne: edle Schwarzwälder Füchse . . 72
Große Hunde aus der ältesten Stadt Baden-Württembergs . . 72
Milch von der Schwarzwälder Milchstraße und Käse von der Käseroute 73
Schwarzwald voller Gaumenfreuden 76

FAUNA UND FLORA – VON AUERHAHN BIS SONNENTAU . . . 78
Schützen durch Nützen 79
Mischwald – ideal für auch für rar gewordene Spezies 80
Empfindliche Biotope 81
Phänomen Kuhbusch 85
Natur ist Klasse 86
Bauerngärten – gestaltete Natur 87

STÄDTE IM SCHWARZWALD – URBANES LEBEN ZWISCHEN TAL UND WALD 88
Des Markgrafs Traum wird eine Stadt 89
Von Römern gegründet 91
Mutter Kinzig und Hermann Hesse 96
Grüne Stadt im Schwarzen Wald 99
Deutsche Fachwerkstraße – verbunden mit 100 Fachwerkstädten 101

KLÖSTER, SCHLÖSSER, BURGEN – VON WEHRHAFTER BAUKUNST UND MODERNER ARCHITEKTUR 103
Mit Rom und London auf Augenhöhe 108
Stolz und unnahbar auf schroffen Felsen 112
Jährliches Schießen in Hornberg 114
Das adlige Mädchen und der arme Trompeter 117

LITERATEN – LIEDER – FILMER – MALER 120
Simplicissimus, Doktor Faust und das kalte Herz 121
Bergfilmpioniere, Schwarzwaldmädel und Bollenhüte 124

TOURISTISCHE STRASSEN UND BAHNEN – DEN SCHWARZWALD MOBIL ERLEBEN 128
Wanderers Lust seit 1864 – heute auch mit GPS 130
Radlers Paradies 133
Von der Hölle in den Himmel – oder umgekehrt 135
Grenzüberschreitungen der Grünen Straße 137
Geliebte Bähnchen ruckeln und zuckeln 140

Herbstzauber in Simonswald

HIER IST DER WALD DAS, WAS ANDERSWO DAS MEER IST

Ob der Schwarzwald in der Realität wirklich so existiert, wie die fantasiebeladenen und gemütvollen Projektionen ihn haben wollen, muss jeder Gast selbst in Erfahrung bringen. Vorurteile und festgefasste Meinungen zu dieser Landschaft der deutschen Seele lassen sich am besten am »lebendigen« Objekt und vor Ort überprüfen. Sicherlich haben die oft über lange Jahre gewachsenen und festgezurrten Gedankenwindungen auch mit der etwas irrational besetzten Verbindung der Deutschen insgesamt zum *Wald* zu tun, den es im Schwarzwald nicht nur namensgebend reichlich hat. In anderen Ecken der Welt wird vielleicht das *Meer* ähnlich sentimental besetzt und bestimmt, vor allem die durch gezielte Werbung gelenkte Wahrnehmung von außen.
Es waren aber weniger die Einheimischen, die an der aktiven Gestaltung eines Schwarzwaldbildes beteiligt waren, als die Gäste, die die Landschaft durchreisten.

Winterzauber im Zweitälerland, Südschwarzwald

ES BEGANN VOR ÜBER 400 MILLIONEN JAHREN

Die Schwarzwaldlandschaft ist im Laufe von Millionen Jahren in einem komplizierten Vorgang entstanden. Vorkommen der aus heißen Tiefen emporgestiegenen Gneise und Granite verweisen auf ein erstes Grundgebirge, das vor 400 Millionen Jahren entstanden sein dürfte, aber größtenteils wieder abgetragen wurde. Flüsse und wohl Wüstenwinde brachten insgesamt rötliche Sand- und Staubablagerungen mit sich, die sich in weiteren Millionen von Jahren bis zu einer Schicht von circa 400 Metern Höhe auftürmten. Zu den Gneisen und Graniten gesellte sich der Buntsandstein – später bevorzugtes Baumaterial für Kirchen wie das Freiburger Münster. Doch die landschaftliche Prägung des Schwarzwaldes hatte damit noch nicht ihre Endstufe erreicht. Langsam senkte sich danach der Oberrheingraben auf einer Länge von 300 Kilometern, und zwar so, dass sich das Gebirge des Schwarzwaldes wie das der Vogesen herauswölbte. Das zusätzlich von Süden nach Norden abfallende Gebirge begünstigte den Abfluss des Alpenschmelzwassers, das sich seinen Weg Richtung Nordsee bahnte und weiter zur Vertiefung des Grabens zwischen Vogesen und Schwarzwald beitrug. Auch heute noch ist ein stetiges Auseinanderdriften zu vermessen – dabei wachsen die beiden Mittelgebirge ebenfalls. Ein Prozess, der aber im Laufe eines Menschenlebens nicht sichtbar wird, bei manchen Erdbeben aber deutlich spürbar ist. Nicht erst seit 1356, als das seit Menschengedenken bis heute stärkste Erdbeben nördlich der Alpen die Stadt Basel zum Einsturz brachte, gilt der Oberrheingraben als seismisch aktiv.

Bei der Gestaltung der Landschaft hatten aber auch noch die Gletscher ein Wort mitzureden. Um den Feldberg bildete sich ein 1.300 Quadratkilometer großer Gletscher mit fast 400 Meter Eisdicke, der in seinem Wachstum gewaltige Geröllladungen vor sich herschob und zu riesigen Moränen anhäufte. Bei der Schmelze und dem Rückzug hobelte der Gletscher dann die Kuppen und Täler glatt. Die so entstandenen Hochtäler und Hochebenen hinterlassen auch heute noch den Eindruck einer sanft geschwungenen Landschaft, die allerdings zum Hoch- und Oberrhein ziemlich zerklüftet abfällt.
20 Kilometer nach Verlassen des Bodensee stürzt der Hochrhein mit großem Getöse in ein altes, interglaziales Bett – der Rheinfall von Neuhausen bei Schaffhausen ist zwar nicht Europas höchster, aber wasserreichster Fall – und passiert dann später bei Basel das Rheinknie, das den nun geografisch korrekt als Oberrhein (so heißt er bis Bingen) bezeichneten Strom zum Lauf nach Norden zwingt. Die Senkung des Oberrheingrabens hat diese Wendung zur Nordsee hin möglich gemacht. Ansonsten hätte es der von den Alpen kommende Rhein vielleicht eher wie seine Schwester Rhone vorgezogen, sich zum Mittelmeer zu orientieren. In unzähligen Windungen bahnte sich das Wasser seinen Weg, sorgte mit Überschwemmungen für fruchtbare Böden und das Entstehen der einzigartigen Flussauenwälder.
Es war der badische Ingenieur Johann Gottfried Tulla, der den Rhein in ein festes Bett zwang und seine Zuläufe und Nebenarme verkümmern ließ. Die Maßnahmen zur Vereinfachung der Schifffahrt begünstigten eine Erhöhung der Fließgeschwindigkeit, der Fluss grub sich noch weiter in die Erde ein, so dass ihm heute in der Form von Geschiebezulagen Unmengen von Schotter zugeführt werden müssen. Wie am Hochrhein begann man auch am Oberrhein mit der Nutzung der Wasserkraft zur Energiegewinnung. Mit dem Versailler Vertrag von 1919 wurde die ausschließliche wirtschaftliche Nutzung des Rheins den Franzosen zuerkannt, die mit dem Bau des Rheinseitenkanals sowie von Kraftwerken und Schleusen zur Tat schritten. Erst im Zeichen der trinationalen Zusammenarbeit taten sich die schweizerischen, deutschen und französischen Elektrizitätsunternehmen zusammen und betrieben manche Anlagen gemeinsam. Auf den Höhen errichtete man zusätzlich enorme Wasserspeicher, in die mit überschüssigem Strom Wasser hinaufgepumpt wird, das im Bedarfsfall sofort über Kavernenkraftwerke wieder abgelassen werden kann und so Strom erzeugt. So sinnvoll solche Pumpspeicherwerke an sich sind: Es werden z. B. im Hotzenwald wertvolle Naturreservate unwiederbringlich zerstört; die mit Wasser gefüllten Betonwannen sind, ausgenommen der in den 1930er Jahren angelegte Schluchsee, wegen ihrer plötzlichen Wasserschwankungen auch touristisch nicht zu nutzen. Naturschützer befürchten neben den Eingriffen in den Wasserhaushalt auch die Zerstörung einzigartiger Hochmoore.

VIELE MOORE UND VIEL SONNE

Mit den typischen Hochmooren haben die Gletscher bei ihrem Rückzug vor 12.000 bis 14.000 Jahren nämlich noch eine landschaftliche Besonderheit hinterlassen: Es entstanden Mulden, in de-

I.N.
R.J.

Begegnung in Welschensteinach, Kinzigtal

nen sich das Schmelzwasser sammeln konnte. Pflanzen, die sich am Ufer ansiedelten, starben ab und bildeten, da sie unter Wasser gerieten und sich darum mangels Sauerstoff nicht richtig zersetzen konnten, die ersten Torfschichten – der ursprüngliche See wurde langsam zu einem Moor. Um einen Meter Torf entstehen zu lassen, rechnet man mit einem Zeitraum von circa 1.000 Jahren. Ein Hochmoor, dessen Kennzeichen die nach oben uhrglasförmig hochgewölbte Form ist, kann nur überleben, wenn generell die Wasserzufuhr durch Niederschläge größer als die Wasserverdunstung ist. Auf den Erhebungen, den Bulten, gedeihen seltene und besondere Pflanzen wie Moosbeere oder Sonnentau und in den wassergefüllten Schlenken zahlreiche Binsenarten wie die Blasenbinse. An den Moorrändern auf gefestigten Torfen wächst die Moorkiefer, die in ihrer aufrechten Form als Spirke bezeichnet wird. Im gesamten Schwarzwald findet man sie nur noch auf rund 190 Hektar Fläche. Auch seltene Tiere wie der Zitronengirlitz und der Baumpieper oder Libellen fühlen sich in ihrem angestammten Lebensraum wohl.

In der Wetterkarte taucht der deutsche Südwesten oft als sonnenbegünstigter Landstrich auf – der Kaiserstuhl ist mit bis zu 1.800 Sonnenstunden die sonnenreichste und wärmste Region Deutschlands. Sonne und Wärme begünstigen besonders den Anbau von Sonderkulturen aller Art und vor allem die Bestellung eines reichen Obst- und Gemüsegartens. Das Klima im Schwarzwald wird als gemäßigt empfunden, ja sogar zur Heilung eingesetzt. Eine besondere Wettersituation ist im Schwarzwald

dann gegeben, wenn die Täler in dichtem Nebel versinken und unter der Nebeldecke kühle Temperaturen vorherrschen, während oben auf der Höhe die Sonne scheint – bei dieser Inversionswetterlage hat man auch meist die beste Alpensicht von den Höhen.

FÜRCHTETE SICH GAR EIN JULIUS CÄSAR?

Bis zu den ersten planmäßigen Besiedlungen ab dem 8. vorchristlichen Jahrhundert liegt die Vergangenheit des Schwarzwaldes im Dunkel der Geschichte. Die frühesten Ankömmlinge waren wohl die Kelten, die sich anhand von Namensbezeichnungen für Fluren und Flüsse nachweisen lassen, aber auch an zahlreichen mythischen Orten wie Quellen, die sie als Kultstätten nutzten. Diese ersten Siedler, die sich

oben Hof auf dem 1.000 Meter hohen Höhenkamm Neueck zwischen Gütenbach und Furtwangen
unten Unterwegs bei Schönwald
rechts Waldstimmung am Kandel

Schwarzwaldfahrt durch weißen Wald bei Bernau

in die unheimliche Einöde wagten, mussten sich ihren Weg erst einmal mühsam durch den dichten Wald freischlagen. Geschichten machten die Runde, dass der Urwald zudem von gefährlichen wilden Tieren bewohnt sei. Später ließ sich selbst der für seinen Mut berühmte römische Feldherr Cäsar von derartigen Schauermärchen beeinflussen und wagte es nicht, die zahlreichen Flusswindungen des Rheins zu überqueren.

Auch wegen seiner Undurchdringlichkeit wurde das Gebiet von den römischen Geschichtsschreibern als *silva nigra* – schwarzer Wald – bezeichnet. Erst die Klöster aus dem Rheintal oder aus den angrenzenden Gebieten machten sich daran, die Region planvoll zu erschließen. Großzügig gewährten sie den ersten Siedlern freiheitliche Rechte, die sie den Bauern dann später wieder streitig machten und so Anlass zu den blutigen Bauernkriegen und den Salpeterer-Unruhen boten.

SCHWARZWALDS WALD IST SCHWARZWALDS SPARKASSE

11.000 Quadratkilometer macht die Fläche des Schwarzwaldes aus und über 60 Prozent davon sind bewaldet – ohne den Wald ist der Schwarzwald mit seinem Tourismus nicht denkbar! Fichten und Douglasien machen die Hälfte des Baumbestandes aus, Tannen, Kiefern und Lärchen folgen, der Nadelholzanteil liegt bei gut 80 Prozent. Die restlichen 20 Prozent sind Laubhölzer wie Buchen und Eichen, die mit ihrem Hartholz als Brennholz Verwendung finden oder Zulieferer der Möbelherstellung sind. Ab Mitte der 1970er bis Mitte der 1980er Jahre brachte der Begriff *Waldsterben* Sorgen und Unbehagen. Sowohl Privatholzbesitzer mit kleinsten Parzellen – die es in Schwarzwaldgebieten mit erbrechtlicher Realteilung recht häufig gibt – wie auch die Staatsforsten fürchteten um ihre Sparkasse namens *Wald*. Petitionen wurden verabschiedet und der Wald großflächig per Hubschrauber gekalkt. Doch spätestens mit der Ausstrahlung der Fernsehserie *Die Schwarzwaldklinik* spricht kein Mensch mehr über das Waldsterben.

SCHARF BEOBACHTENDER MARK TWAIN

Als erste Reisende kommen gegen 1830 englische Touristen nach Deutschland, oft auf der Durchreise von den durch William Turner romantisch im Bild festgehaltenen und vor allem industriefreien Rheinlandschaften in die Schweizer Alpen. Sie machen Station in der Nähe des Rheintals und der dort liegendenden Kur- und Badeorte. Mark Twain berichtet etwas später in seinem *Bummel durch Europa* ausführlich auch vom Schwarzwald (1878–79). Im Gasthaus Pflug in Ottenhöfen beobachtete er, »wie sich der Gemeinderat (..) langsam, aber sicher mit Bier volllaufen (ließ) und (sich) dabei mit gesetzter Würde benahm, wie es sich für Männer von Stand, Männer mit Einfluss, Männer mit Mist gehörte.«

Jedoch fassten genau solch beschriebene Honoratioren einst den Beschluss, sich für den beginnenden Fremdenverkehr zu engagieren. 1864 schrieb der Vorstand des *Badischen Vereins der Industriellen und Gastwirte* mehrere Orte im Hochschwarzwald um eine finanzielle Unterstützung an. Ziel war es – das erfolgreiche Beispiel der benachbarten Schweiz vor Augen – »daß wenn die hohe Wichtigkeit unseres Vereinszwecks von den löblichen Gemeinderäthen aller Orte gleichfalls anerkannt wird, der Schwarzwald und seine angrenzenden Gebiete in ähnlicher Weise besucht und frequentiert werden dürfte.« Und weiter heißt es in dem Schreiben: »Der Schwarzwald und dessen angrenzende Gegenden, reich an Naturschönheiten und Sehenswürdigkeiten aller Art, ist noch immer der reisenden Welt nicht so bekannt, dass sie nicht wenigstens der größten Zahl nach an ihnen vorübereilte, der Schweiz zu, statt die Höhen und Thäler unseres vaterländischen Gebirges zu besuchen. An dieser seitherigen Nichtbeachtung haben die Bewohner des Schwarzwaldes übrigens theilweise selbstinnige Verschuldung ...« Schon von Anfang an wurde deshalb der Fokus der Werbung auf die »Naturschönheiten«, die »Höhen und Thäler« gelegt, die dann auch die Grundlage der Wahrnehmung ausmachen sollten.

Knapp 170 Kilometer ist das Gebiet lang und misst in seiner Breite zwischen 30 und 50 Kilometer. Es reicht von Karlsruhe bis Basel, von Pforzheim über Rottweil bis nach Waldshut. Im Norden begrenzt die Autobahn A 8 das Mittelgebirge und trennt es vom Kraichgau ab. Im Osten stößt der Schwarzwald an die Schwäbische Alb, die flache Hochebene der Baar und das Obere Gäu. Im Süden bildet seit Napoleons territorialen Eingriffen mit der Zerschlagung Vorderösterreichs und der Bildung des Großherzogtums Baden (1806) der Hochrhein die Grenze zur Schweiz bis zum Dreiländereck Basel, Weil am Rhein und St-Louis. Die weinreichen Vorbergzonen des Schwarzwaldes und der Rhein verbinden im Westen den Schwarzwald mit dem Elsass und den Vogesen.

ERSTER SKILIFT DER WELT, ERSTER DEUTSCHER SKICLUB, ERSTE DEUTSCHE SKIADLER

In den Zeiten der Klimaerwärmung muss man sich natürlich seine berechtigten Gedanken machen: Schnee oder nicht Schnee? Noch gelten Wintersportgebiete ab einer Höhe von 1.000 Metern als relativ schneesicher. Bei der Entwicklung des Tourismus im Schwarzwald kam dem Wintersport zuerst eine viel wichtigere Bedeutung zu, wie sich auf Filmen, Fotos und Postkarten im Schwarzwälder Skimuseum in Hinterzarten beeindruckend verfolgen lässt. 1891 wurde in Todtnau am Fuß des Feldbergs der erste deutsche Skiclub gegründet und zu seinem Ehrenmitglied wurde Polarforscher Fridtjof Nansen ernannt.

Angefangen hatte alles mit dem früheren Schiffsarzt Dr. Tholus, der sich in Todtnau niederließ und 1888 ein erstes Paar Skier besorgte, um damit im Winter besser zu seinen Kranken zu gelangen. Den Einheimischen kam es etwas seltsam vor, dass man sich auf Holzlatten, die man unter die Schuhe schnallte, durch den Schnee fortbewegte. Der Heidelberger Dr. Pilet und norwegische Studenten, die in Freiburg studierten, machten das Skifahren aber dann immer populärer. Schwarzwälder Tüftler waren herausgefordert, diese »Schneeschuhe« selbst herzustellen. Legendär ist hier, neben anderen Herstellern, der Bernauer *Ski-Köpfer*, der selbst 1890 zum ersten Mal auf Skiern stand und ab 1892 während der Wintersaison aus Eichenholz spezielle Kinder-, Damen- und Herrenskier herstellte. 1906 beantragte Ernst Köpfer beim Patentamt des Deutschen Reichs in Berlin Patentschutz für seine Skier der Marke *Feldberg*. In 60 Jahren werden davon circa 10.000 Paar Skier produziert. Sein Enkel Walter Strohmeier betreibt in Bernau ein Privatmuseum, wo an Ski-Köpfer und den Beginn des Skilaufs im Schwarzwald erinnert wird. Im Schwarzwald wurde der erste Skilift in Betrieb genommen.

Mit Christl Cranz begann in den frühen 1930er Jahren die Erfolgsgeschichte der Schwarzwälder Skisportler bei Weltmeisterschaften und Olympischen Winterspielen. 1960 konnte der einstige Hirtenjunge und Postbote Georg Thoma aus Hinterzarten die Dominanz der norwegischen Wintersportler in der Nordischen Kombination brechen und als erster Deutscher den Olympiasieg in dieser Disziplin erringen. Beim 100-Kilometer-Schwarzwälder-Rucksacklauf von Schonach über den Feldberg zum Belchen stellte er 1966 mit 5 Stunden und 51 Minuten einen Rekord auf, der bisher noch nicht wieder erreicht wurde. Neben zahlreichen weiteren Wintersportlern lösten besonders die Schwarzwälder Skiadler Hansjörg Jäkle, Christoph Duffner, Dieter Thoma, Sven Hannawald und Martin Schmitt eine wahre Wintersportbegeisterung aus. In Titisee-Neustadt wurde neben Schönwald, Ruhestein und Hinterzarten eine weitere zu internationalen Springen ausgerüstete Schanzenanlage errichtet. Auf zahlreichen Langlaufloipen sind herrliche Fernblicke möglich, Schneeschuhwanderungen sind zwar kräftezehrend, dafür ist man der winterlichen Natur ganz nahe. Doch auch rasante Abfahrten sind im Schwarzwald möglich, Schneekanonen sorgen nicht unumstritten für Schneesicherheit, und Kabinenbahnen, Sessel- und Schlepplifte bringen Skifahrer und Rodler mühelos auf die Berge.

Herbstfahrt durchs Höllental. Die Höllentalbahn fährt seit 1887

ERST DIE EISENBAHNEN – DANN ERSTE HOTELS – DANN ERSTER VERKEHRSVERBAND – KONUS

Nur durch den Bau der Eisenbahnlinien in den Schwarzwald hinein konnte am Ende des 19. Jahrhunderts der Tourismus in Gang kommen. Der Eisenbahnbau erschließt nach und nach neben der adligen auch einer breiteren bürgerlichen Oberschicht der industrialisierten Gegenden Deutschlands die Möglichkeit des Reisens, bevorzugt in Kurorte und in die »gesunden« Mittelgebirge; die Höllentalbahn (1887) und die Schwarzwaldbahn (1873) bringen vor allem auch zahlreiche Wintergäste auf die schneereichen Höhen. Der rote Baedeker erscheint als erster Reiseführer – diese detaillierten Ratgeber haben den Schwarzwald recht früh in ihrem Programm und weisen auf die Naturschönheiten und vor allem auch auf Einkehrmöglichkeiten hin. Letztere waren anfangs recht dünn gesät. Noch bis 1873 versagte das Bezirksamt Neustadt eine erste Gasthauskonzession am Titisee, da es sich beim Titisee um eine »öde, menschenleere Gegend handle, in welcher eine Wirtschaft nicht nötig und auch nicht existenzfähig sei.« Wenige Jahre später konnten am Titisee doch die ersten drei Hotels eröffnet werden. Die Hotellerie im Schwarzwald gehört mit zu den führenden in Deutschland, die Flaggschiffe in Baiersbronn oder in Bad Peterstal-Griesbach haben alle als simple Einkehrmöglichkeit für Waldarbeiter begonnen.

Für die ersten »Luftschnapper«, die zur Übernachtung bleiben, wird die eigene Schlafkammer geräumt, erst später baut man »Fremdenzimmer« aus. Der Betrieb war und bleibt in den meisten Fällen Familiensache – der Besitzer bürgt persönlich mit dem Familiennamen für die Qualität und baut eine persönliche Beziehung zu seinen Gästen auf, die ebenfalls Wirte- wie Gäste-Generationen überdauern kann. 1906 wurde in Karlsruhe der *Badische Verkehrsverband* gegründet und gehörte damit zu den ersten vier Verbänden dieser Art im damaligen Deutschen Reich. Er kümmerte sich um das Eisenbahn-, Kraftpostwagen- und Luftverkehrswesen. Zahlreiche Gäste, die mit dem Zug anreisten, wurden und werden traditionell am Bahnhof abgeholt. Man bemühte sich damals um direkte Zugverbindungen aus den touristischen Quellgebieten und führte Feriensonderzüge ein, die noch bis in die 1950er Jahre verkehrten. Eine großflächige Plakatwerbung, Prospekte, sowie Radio- und Kinowerbung waren die modernen Werbemaßnahmen. Noch heute hat die Ferienregion Schwarzwald eine Vorreiterrolle bei der umweltfreundlichen Mobilität vor Ort. KONUS (Abkürzung für *Kostenlose Nutzung des öffentlichen Personennahverkehrs im Schwarzwald*) heißt das Zauberwort, mit dem Übernachtungsgäste auf praktisch allen Strecken des öffentlichen Nahverkehrs kostenfrei fahren können. Dies bietet sich besonders an, wenn man ohne Parkplatzsorgen eine Stadt oder eine Sehenswürdigkeit besuchen möchte oder sich zu einer Wanderung aufmacht und am Endpunkt dann wieder einen Bus oder eine Bahn zur Heimfahrt benützen kann. Spezielle Wanderbuslinien wie etwa zur Wutachschlucht machen es ganz einfach, sich eine abwechslungsreiche Wanderung auszusuchen.

WELT-ERSTE AUTOFAHRT FÜHRTE IN DEN SCHWARZWALD

Keiner der Besucher wird bei seiner Autoanreise daran denken, dass die Erfindung des Autos zwar nicht auf einen Schwarzwälder, aber immerhin auf einen Badener zurückgeht. Und die erste Autofahrt führte in den Schwarzwald – von Mannheim nach Pforzheim. Am Steuer des dreirädrigen, noch stark an eine Kutsche erinnernden Gefährts saß die mutige Bertha Benz mit ihren Söhnen. Ihr Gemahl, Carl Benz, hatte zwar 1886 das Patent für ein *Fahrzeug mit Gasmotorenbetrieb* eingereicht und damit eine wahre Revolution der Mobilität ausgelöst, es blieb aber seiner Frau vorbehalten, die Tauglichkeit des Fahrzeugs zu beweisen. In den Schwarzwald kamen zu Beginn der Motorisierung wenig Privatfahrzeuge – es waren mehr die Kraftpostlinien, dank denen die Gäste motorisiert zu ihren Unterkünften gelangten und Ausflugsfahrten zu den Sehenswürdigkeiten und Naturschönheiten machen konnten.

Der Hasenhorn-Berglift bietet im Winter den Einstieg zu einer drei Kilometer langen Rodelbahn und im Sommer auch den Fahrspaß der rasanten Abfahrt mit einer Sommerrodelbahn, wie sie auch in Gutach, in Enzklösterle, in Dornstetten und am Mehliskopf an der Schwarzwaldhochstraße bestehen. Neben dem puren Naturgenuss steht immer häufiger der Freizeitspaß in künstlichen Erlebniswelten, die aber immer in die umgebende Landschaft eingepasst sind. Der Hasenhorn Coaster gehört zum Freizeitunternehmen des Bauunternehmers Adolf Braun, der in seinem Bergwildpark auch den Spaß einiger Fahrattraktionen einrichtete. Weltweit führend ist der in Rust beheimatete Europa-Park der Familie Mack, den jährlich über vier Millionen Gäste besuchen. Die Macks sind seit

oben Biss und Gschell, zwei wichtige Narren der Rottweiler Fasnet
Mitte links Schramberg: Der Narr Hansel isst seine Brezeln nicht, sondern verteilt sie
Mitte rechts Die Schuttig sind Elzachs bekannteste Narrengestalten
unten Die Burghexen von Waldkirch sind nicht weiblichen Geschlechts

Generationen Konstrukteure von Zirkuswagen und Fahrgeschäften wie ehemals Karussells. Sie suchten dann als Ausstellungsgelände für ihre Fahrgeschäfte eine größere Fläche, die sie um das 1442 erbaute Balthasar-Schloss in Rust fanden. Der ursprünglich nur für Firmenkunden vorgesehene Park öffnete 1975 seine Pforten für alle Besucher. Der auf 85 Hektar als Themenpark zu 13 europäischen Ländern eingerichtete Freizeitpark bietet mit seinen 5.000 Betten die höchste Hotelkapazität in Baden-Württemberg. Zum Europa-Park, der ohne öffentliche Förderung aufgebaut wurde, führt eine direkte Autobahnverbindung.

FEST-LAND SCHWARZWALD

Was zieht die Gäste denn in den Schwarzwald? Im Jahreslauf sind es sicherlich auch die besonderen Feste, die zu einer Reise motivieren. Die Fasnet, die Fastnachtszeit, gehört bestimmt dazu. In den 3.000 überwiegend katholischen Orten, die zum Gebiet der schwäbisch-alemannischen Fasnet mit ihren Narrenzünften gehören, beginnen die närrischen Tage genau genommen jeweils schon am 11.11. Doch erst am *Schmutzige Dunschdig* (der Donnerstag vor dem Aschermittwoch) wecken die Narren in ihren bunten Gewändern die Einwohner, um das ausgelassene Treiben anzukündigen, das aber weit vom rheinischen Schunkelfrohsinn entfernt ist. Teufel- und Hexenmasken, Sagengestalten mit bunte Blätzles-, Fleckles- und Spättlesgewändern ziehen zu vorher bestimmten Zeiten einen traditionell festgelegten Weg entlang. Der Umzug der Schuttig in Elzach, der Narrensprung der Rottweiler, der Nasenzug der Wolfacher und die Bach-na-Fahrt der Schramberger füllen die Tage – bis es am Aschermittwoch heißt, die Geldbeutel unter lautem Heulen zu waschen. Traditionellerweise findet die *Buurefasnet*, die Bauernfastnacht, immer eine Woche später statt; dabei werden auf den Bergeshöhen riesige Feuer entfacht, von denen aus mit Sprüchen und Wünschen glühende Holzstücke – die *Scheiben* – in das Tal geschlagen werden. In Basel feiert man mit dem *Morgestraich* ab Montag um vier Uhr in der Frühe, unter Trommeln und Flötenspiel der Cliquen – auch eine besondere Ausprägung der Fastnacht, die vor der Fastenzeit noch einmal Völlerei und Ausgelassenheit erlaubt.

Traditionelles Brauchtum begegnet Besuchern auch bei kirchlichen Festen. Bei den Fronleichnamsprozessionen kann man die bunten Blumenteppiche, auf denen das Allerheiligste unter einem *Himmel* getragen wird, und die in freier Natur oder in den Städten errichteten blumenübersäten Ad-hoc-Altäre bestaunen. Im Hinblick auf Weihnachten stimmen überall Weihnachtsmärkte mit ihren zum Teil in der Region hergestellten Holzspielwaren und dem leckeren Glühwein auf das Fest ein. Viele historische Feste mit ihren farbenprächtigen Umzügen locken in den Schwarzwald, der Besuch von gemütlichen Hocks und im Herbst von unzähligen Weinfesten lohnt sich allemal.

Ja, der Name *Schwarzwald*, den die Römer festlegten und der seit 868 in einer Urkunde des Klosters Sankt Gallen verbrieft ist, hat sich für ein relativ großes Gebiet durchgesetzt. Und eines ist sicher: In allen drei naturräumlich unterschiedlichen Ausprägungen des Schwarzwaldes kann man von Nord nach Süd immer etwas entdecken, findet eine passende Freizeitaktivität, genießt eine wohlschmeckende Mahlzeit mit einem heimischen Wein, Bier oder Mineralwasser, bettet sich in gemütlichen Unterkünften – und muss sicherlich nirgends *schwarz*-sehen!

Der Seebuck auf dem schneebedeckten Feldberg ist mit 1.448 Meter über NN der zweithöchste Gipfel des Schwarzwalds

ÜBER ALLEN GIPFELN – DIE GUTE SCHWARZWALDLUFT

Weite und tiefe Wälder prägen das Landschaftsbild im nördlichen und mittleren Schwarzwald, darin eingebettet sind Moore und Moorwälder, die sagenumwobenen Karseen und die waldfreien Grindenhochflächen, als Folge der intensiven Beweidung durch die Jahrhunderte hindurch. Quellen, Bäche und Flüsse durchziehen die Landschaft im nördlichen Teil. Im südlichen Oberrheintal mit seinem badischen Obst- und Weinbau gedeihen gesunde Trauben für gehaltvolle Weine heran. Der südliche Schwarzwald unterscheidet sich vom nördlichen Schwarzwald durch artenreiche Bergwiesen und weite Hochweiden, die sich mit Mischwäldern abwechseln. Ein Landschaftsmosaik, das in den Tälern und den Randlagen der Vorberge und am Oberrhein durch den Anbau von Wein, Obst und Gemüse bereichert wird.

DER HÖCHSTE IM SCHWARZWALD

Aus den Wäldern des Schwarzwaldes erheben sich die Schwarzwaldberge, von deren Gipfeln sich fantastische Ausblicke bieten. Allgemein kann man sagen, dass die Berge des Süd- oder Hochschwarzwaldes höher als die im Nordschwarzwald sind. Doch der Reihe nach. Zu einem besonderen Erlebnis wird eine Wanderung zum Sonnenaufgang, natürlich zuerst auf den Höchsten des Schwarzwaldes

1896 aus Bruchsteinen errichtet: das Bismarckdenkmal auf dem Seebuck
rechts Blick vom Belchen in die Schweizer Alpen
Seiten 22/23 Blick vom Kandel zum Feldberg

und Deutschlands höchsten Mittelgebirgsgipfel: den Feldberg. Und wenn die Nacht dem nahenden Tag weicht, erste Sonnenstrahlen die Dunkelheit vom Licht trennen und einzelne Bergkuppen anstrahlen, ist das ein erhebendes Gefühl. Scherenschnittartig zeichnen sich im Licht der aufgehenden Morgensonne einzelne Berge am Horizont ab. Oben auf dem 1.493 Meter über Normalhöhennull (alle geografischen Höhenangaben in diesem Buch beziehen sich auf NHN) hohen Gipfel angekommen, genießt man die ersten wärmenden Sonnenstrahlen, eine grandiose Fernsicht ohne Dunstglocke, erfreut uns die umfassendste Weitsicht, vor allem im Winter bei Inversionswetterlage. Im Westen reicht der Blick weit über die Rheinebene hinweg zu den Vogesen, dem Elsässischen Belchen – Ballon d'Alsace. Dahinter erspähen wir bei gutem Wetter den südlichen Pfälzerwald beziehungsweise die Vosges du Nord – Nordvogesen. Im Norden erblickt man die Hornisgrinde, im Nordosten die ganze Kette der Schwäbischen Alb und die markanten Hegauvulkane. Im Süden ragen die Schweizer Alpen bis zum französischen Mont Blanc gen Himmel, im Osten zeigen sich Zugspitze und die Allgäuer Alpen, im Südwesten die Freiburger Voralpen.

Der Feldberg fällt nicht nur als höchster Berg auf, auffällig sind der Fernsehturm und die zwei großen Parabolantennen. Die Richtfunkanlagen der Bundeswehr, der französischen und US-Armee aus der Zeit des Kalten Krieges sind zwischenzeitlich abgebaut, aber weithin erkennbar ist der Feldberg noch immer am ehemaligen Funkturm und dem Bismarck-Denkmal auf dem Seebuck (Feldberg-Nebengipfel, 1.448 Meter). Zu erreichen ist der Feldbergfuß mit dem Auto über die von Titisee nach Lörrach bei Basel über den Feldbergpass führende B 317. Auch mit der Bahn ist die Anreise möglich, denn ein Regionalzug der Deutschen Bundesbahn hält am höchstgelegenen Bahnhof, Feldberg-Bärental (967 Meter), von hier aus führt eine Busverbindung auf das »Dach des Schwarzwaldes«. Wegen seiner subalpinen Vegetation ist der überwiegende Teil des Feldberggebietes inzwischen zum Naturschutzgebiet erklärt worden. Es ist das älteste und größte (gegründet 1937, heute 4.200 Hektar groß) in Baden-Württemberg und wird seit 1989 durch einen Naturschutzwart, den Feldberg-Ranger, betreut. Es gehört seit 2001 zum Naturschutzzentrum Feldberg. Dessen Sitz ist im *Haus der Natur*. Im gleichen Haus hat auch der Naturpark Südschwarzwald seinen Sitz.

In ihrem Schwarzwaldroman *Winteräpfel. Aus dem Leben der Feldbergmutter Fanny Mayer* hat Heidi Knoblich das Leben auf dem Feldberger Hof – ein 1863 eröffnetes Gasthaus und heute ein bedeutendes Hotel – mit all den Unwirtlichkeiten in der Zeit vor über 100 Jahren spannend nachgezeichnet.

FANTASTISCHE AUSSICHTEN VOM PANORAMABERG

Der Belchen mit seinen 1.414 Metern besitzt eine eindrucksvolle Kuppelform und wurde vom Dichter Johann Peter Hebel als einer der schönsten Panoramaberge bezeichnet. In der Rundumsicht, die der Belchen bietet, wird er wohl von keinem Schwarzwaldberg übertroffen. Er erhebt sich über das reizvolle Münster- und Wiesental. Im Westen fällt als glänzender Strom der Rhein ins Auge, die fruchtbare Rheinebene, die leider immer mehr dem Mais-Monokulturanbau dienen muss. Der Blick reicht ins benachbarte Frankreich, in das Elsass und die Vogesen. In südlicher Richtung zeichnet sich der Schweizer Jura ab. Im Norden und Nordosten erheben sich die Bergketten und zahllosen Schwarzwaldgipfel, im Osten liegen die Höhenzüge des Schwarzwaldes und Vorarlbergs. Und bei klarer Sicht sieht man die eindrucksvolle Kulisse der schneebedeckten Alpengipfel vor sich. Was vor allem auffällt, ist die Ruhe – die Ruhe des Belchen-Naturschutzgebiets. Mit dieser besonderen Ausstrahlung zieht der fünfthöchste Schwarzwaldgipfel (nach Feldberg, Baldenweger Buck, Seebuck und Herzogenhorn) Naturliebhaber und Erholungssuchende gleichermaßen an. Zudem findet man hier eine einzigartige subalpine Landschaft mit einer artenreichen Fauna und Flora vor.

Da der Besucherandrang ein Zuviel für Pflanzen und Tiere bedeutete, wurde eine wirksame Besucherlenkung eingerichtet: Die direkte Zufahrt mit dem Auto ist 1990 durch einen Pendelbusverkehr ersetzt worden. Die Belchenstraße endet heute direkt bei der Talstation der Belchenseilbahn. So schwebt man in den achtsitzigen Expo-Skyliner-Kabinen der Seilbahn zum Belchenhaus – in nur fünfminütiger Fahrzeit. Über 30.000 Besucher im Jahr nutzen die Seilbahn, die damit einen überzeugenden Beitrag zum Umweltschutz leistet. Die ehemalige Bergstraße ist im Gipfelbereich renatu-

Kirschblüte im Eggenertal (Markgräflerland) mit Blick auf den Blauen

riert worden und steht im Winter Familien für den Wintersport zur Verfügung. Neben Wanderern, Wintersportlern, wird die Bahn auch von Rollstuhlfahrern, Mountainbikern und Eltern mit Kinderwagen genutzt.

Bereits vor 100 Jahren eroberten die ersten Schneesportler den Belchen, war er doch Ausgangspunkt für die legendären Geländeläufe über das Wiedener Eck zum Feldberg hin. Ebenfalls zu den Klassikern gehört der acht Kilometer lange historische Belchenabfahrtslauf, der vom Belchenhaus bis nach Schönau führt. Skifahrer finden vier bestens präparierte Pisten vor im Schwierigkeitsgrad von leicht bis schwer. Auch Schneeschuhwanderer können hier dem intensiven Naturerleben nachkommen. Und zum Winterwandern zieht es viele Fußgänger auf den Belchen bis hinauf zum Gipfelkreuz. Start aller Touren ist das Belchenhaus, das auf 1.360 Höhenmetern unterhalb des Belchengipfels liegt und sich zu den höchstgelegenen Gasthäusern beziehungsweise Restaurants Südwestdeutschlands zählen darf. Als Schutzhaus wurde es 1898 erbaut, und noch heute gilt seine Terrasse als eine mit der schönsten Aussicht im ganzen Schwarzwald.

Als Bruder des Belchens gilt der daneben stehende Blauen mit seiner Kegelform und den schroff abfallenden Felsen, auf dem die Überreste einer keltischen Befestigungsanlage in Form von Steinwällen zu sehen sind, und seinen 1.165 Metern Höhe. Von hier aus hat man eine noch größere Nähe zur Rheinebene. Am Fuße des Blauen liegt der Kurort Badenweiler inmitten des wunderschönen Markgräf-

Kaiserstuhl: Blick zu Burkheim mit der Ruine des 1793 von den Franzosen zerstörten Schlosses

lerlands. Badenweiler stellt – nicht nur, aber auch – dank seiner Thermenbäder seit jeher ein Anziehungspunkt für Künstler und Erholungssuchende dar. Hier fällt vor allem die mediterrane Vegetation auf, Zedern, Pinien, Lorbeerbäume, Rosskastanien und eindrucksvolle Mammutbäume recken sich in den Himmel. Aber zurück zum Blauen. Von seinem Gipfel aus hat man an klaren Tagen einen ungetrübten Blick über die Rheinebene, und das Kreuz des Hartmannsweilerkopfs wird sichtbar. Es steht auf dem französischen Soldatenfriedhof aus dem Ersten Weltkrieg. Die Gedenkstätte aus den 1930er Jahren soll renoviert und zu einer europäischen Begegnungsstätte ausgebaut werden, um die historische Bedeutung dieses einstigen Kriegsschauplatzes mit 30.000 Gefallenen noch deutlicher zu zeigen.

EINST HEXENTANZPLATZ

Mit seinen 1.242 Metern präsentiert sich der Kandel als höchste Erhebung des Mittleren Schwarzwaldes. Er galt früher als der *Breisgauer Blocksberg,* denn an seinem Fuß, im unteren Elztal, lag einer der Schwerpunkte der unseligen Hexenverfolgung in Deutschland. Heute wird lediglich die

Walpurgisnacht auf dem Gipfel begangen. Von Sankt Peter führt der Weg über die aussichtsreiche Schwarzwaldpanoramastraße auf den Kandel. Vom Parkplatz an der Straße erreicht man die mattenbedeckten, baumfreien Gipfel in wenigen Gehminuten. Hier auf dem Kandelmassiv nutzen Wanderer und Mountainbiker ein umfangreiches Wegenetz wie beispielsweise den Kandelhöhenweg. Er zieht aber auch Kletterer an, denn der große Kandelfelsen ist ein ideales Kletterrevier. Auch Drachen- und Gleitschirmflieger finden hier ihren Startplatz. Im Winter stehen den Skifahrern drei Skilifte zur Verfügung, während im Sommer die kurvenreiche Straße vor allem von Motorradfahrern und Rennradfahrern genutzt wird. Im Jahr 2000 wurde die dritte Etappe der *Deutschland Tour* über den Kandel geführt, bei der Udo Bölts als Erster den Gipfel erreichte. »Klimahelden« wie Rennradfahrer, Mountainbiker und Wanderer nähern sich auf ihre Art und Weise dem Gipfel, für die umweltfreundlichen Touristen gibt es eine Busverbindung bis zum Kandel-Rasthaus, von Freiburg aus über Waldkirch, Denzlingen oder Sankt Peter.
Lohnenswert ist auch ein Aufstieg auf den 1.152 Meter hohen Rohrhardsberg, der im Gegensatz zu vielen anderen Gipfeln bewaldet ist. Durch das Simonswäldertal wird er vom Kandel getrennt. Ganz im Süden punktet der Küssaberg mit einer wunderbaren Aussicht in den Klettgau, das Rheintal und die Schweiz. Auf ihm stehen in 634 Metern Höhe die Ruinenreste der Küssaburg, eines der bedeutendsten historischen Baudenkmäler am Hochrhein und Wahrzeichen des Landkreises Waldshut.

TANZ AUF DEM VULKAN KAISERSTUHL

Will man die eindrucksvollen Schwarzwaldgipfel betrachten, wandert man am besten auf die höchste Erhebung des vulkanischen Mittelgebirges Kaiserstuhl, auf den 557 Meter hohen Totenkopf. Als sonnenreichste und wärmste deutsche Landschaft darf sich der Kaiserstuhl bezeichnen. Das kleine, inselartige Gebirge erhebt sich aus dem Oberrheingraben, dessen Nachbarn der Schwarzwald und die Vogesen sind. Der Kaiserstuhl ist vulkanischen Ursprungs und Millionen von Jahren erdgeschichtlicher Entwicklung haben hier gewirkt, beeinflusst vom Absinken des Oberrheingrabens und der sich auftürmenden Randgebirge. Ein einst mächtiges Bergmassiv wurde während der Eiszeit durch Abtragungen verkleinert, Stürme bedeckten es mit Löß, dem Staub der Gesteinsverwitterung seiner Randgebirge. Heute hat der Kaiserstuhl eine Länge von 16 Kilometern und seine breiteste Ausdehnung beträgt 12,5 Kilometer. Seine höchsten Erhebungen sind neben dem bereits erwähnten Totenkopf der Neunlindenberg mit 555 Metern.
Der Kaiserstuhl ist heute Heimat dreier kleiner Städte und von 18 Dörfern. Der Frühling schmückt die Höhen und Rheinauen mit zartem Grün und die Kirschblüte setzt leuchtend weiße Akzente. Schlüsselblumen übersäen den Boden, die blaue Moschushyazinthe zeigt sich, und etwa drei Dutzend Orchideenarten bereichern die Farbenvielfalt. In den heißen Tagen des Sommers sonnt sich die grüngeschuppte Smaragdeidechse zwischen den aufgeheizten Steinen, verschiedene Großschmetterlinge flattern durch die Luft und bis zu 1.300 Käferarten sind in dieser einzigartigen

Auf der Hornisgrinde, 1.164 Meter hoch

rechts Wie der Name sagt, der Siebenfelsen besteht aus sieben Granitblöcken – in Yach am Rohrhardsberg

Region anzutreffen. Im Herbst beginnt das Farbenspiel in den Rebterrassen, die Trauben hängen saftig voll an den Rebstöcken, nur darauf wartend, zu besten Weinen gekeltert zu werden. Vor allem die Burgundersorten finden hier optimale Bedingungen, da 85 Prozent des Kulturbodens Lößenthalten – feiner, gelblicher Gesteinsstaub mit hohem Nährstoffgehalt. Die bäuerliche Kulturlandschaft ist durch die Sonderkulturen des Wein- und Obstbaus geprägt, in den Weinbergen finden sich Hohlwege, artenreiche Böschungen und Lößwände die vielen, vor dem Aussterben bedrohten Tieren Schutz bieten.

NORDSCHWARZWÄLDER HÖHEPUNKTE

Der nördliche Schwarzwald erfreut sich der Hornisgrinde – mit ihren 1.164 Metern nicht nur der höchste Berg; von hier hat man eine wunderbare Aussicht über die bewaldeten Flächen, die so typisch für den Nordschwarzwald sind. Auf seinem Gipfel dehnt sich ein idyllisches Hochmoor aus. Die Wälder wurden ab Anfang des 17. Jahrhunderts abgeholzt, um Weideflächen zu gewinnen. Vor über 100 Jahren wurden diese aufgegeben, weil das Hochmoor entstanden war, das heute auf Bohlenwegen durchwandert werden kann.

Die Badener Höhe im Nordschwarzwald bildet mit 1.002 Metern den höchsten Punkt des Baden-Badener Stadtgebiets. Auf ihr thront der von Anton Klein 1890 erbaute und von Großherzog Fried-

rich I. von Baden eingeweihte Friedrichsturm. Auch von hier aus genießt man einen herrlichen Blick über den nördlichen Schwarzwald: von der Rheinebene hinweg in die Vogesen, nach Norden bis zum Gebirgszug der Haardt und den Ostrand des Pfälzerwaldes. Der beliebte Westweg führt direkt über seinen Gipfel. Unterhalb der Badener Höhe entdeckt man ein Naturdenkmal: den Herrenwieser See. Dieser Karsee wird aus der Murg gespeist und diente früher als Flößersee. In ihm wurde das sogenannte *Schwallwasser* gesammelt, damit die gefällten Baumstämme ausreichend Schub bekamen, um in den nächsten Fluss zu gelangen.
Der beeindruckende Vulkanfelsberg Karlsruher Grat liegt im Nordschwarzwald und ist auch als Eichhaldenfirst bekannt. Man erreicht ihn über den Ruhestein, der in der Nähe der Schwarzwaldhochstraße liegt. Bei den Gottschläg-Wasserfällen befindet sich eine Höhle mit dem sagenumwobenen Edelfrauengrab.

ZEITABSCHNITTE DES JAHRES – DAS KLIMA MACHTS ...

Eine beste Jahreszeit gibt es nicht im Schwarzwald. Jede Jahreszeit hat ihre Vorzüge. Die Winter im Schwarzwald fallen mild und immer wieder schneereich aus. Auf den Hochlagen kann es schon bis

links Winter am Belchen
rechts Klettern nördlich von Baden-Baden: Der Battert ist 568 Meter hoch und bietet bis 55 Meter hohe Kletterwände

zu 100 Schneetage geben. Die Inversionswetterlage im Winter hat zur Folge, dass auf den Gipfeln des Schwarzwaldes die Sonne scheint, während die Täler unter einer dichten Nebeldecke liegen. Dann ist es im Tal deutlich kälter als auf den sonnenbeschienenen Berggipfeln. Die Niederschläge weisen regionale und vor allem lokale Unterschiede auf. Kommen vom Atlantik her Regenwolken, treffen sie auch die Kammlage des Nordschwarzwaldes und regnen sich ab. So fallen beispielsweise im Gebiet um die Hornsgrinde die höchsten Niederschläge, ein Viertel davon fällt als Schnee und begünstigt die Wintersportmöglichkeiten. In den Weinanbaugebieten im Westen, als Vorbergzone bezeichnet, fallen deutlich weniger Niederschläge, sie gehören zu den wärmsten Gebieten Deutschlands und sorgen für beste Weine in Deutschland.

Vor allem im Feldberggebiet ist es für Schneesportler zwingend, auf den Pisten zu bleiben. Abgehende Lawinen können auch heute noch zu tödlichen Unfällen führen. Ja, die alpinen Gefahren im Schwarzwald sollten nicht unterschätzt werden. Die Hauptgefahr vor allem im Feldberggebiet stellen die Wetterstürze dar, aber auch ein Orientierungsverlust durch Wolken oder Nebel, plötzlich aufkommende Stürme oder das Ausrutschen auf glattem Boden haben immer wieder zur Folge, dass die Bergwacht gerufen werden muss.

Der Winter ist in erster Linie den Wintersportbegeisterten zu empfehlen. Gerade das Schneeschuhwandern steigt zur Trendsportart auf, stellt es doch eine einzigartige Möglichkeit dar, um die Ruhe und die Schönheit, die der Schwarzwald bietet, in herrlicher Winterluft zu genießen.

links Die Lotenbachklamm ist eine kleine Nebenschlucht der Wutachschlucht
oben Mühle im Glottertal

VOM RAUSCHEN UND RINNEN

DIE FLÜSSE DES SCHWARZWALDS

Der Schwarzwald ist reich an Wasser, es durchfurcht ihn, überall trifft man auf Rinnsale, Bäche und Flüsse. Zwischen dunklen Schwarzwaldtannen und lichten Wäldern plätschert, strömt und rauscht es. Einmal muss sich das Wasser entscheiden. So auch das Wasser, das zwischen den Städtchen Furtwangen, Triberg und Sankt Georgen fließt. Keine leichte Entscheidung, denn es mündet letztlich entweder in die Nordsee oder ins Schwarze Meer. Ort der Entscheidung ist die Europäische Wasserscheide, dort entstehen zwei große Flüsse: die Donau (2.888 Kilometer lang) und der Neckar (367 Kilometer, mit seinem Quellfluss Eschach 387 Kilometer). »Brigach (43 Kilometer) und Breg (46 Kilometer), bringen die Donau zu Weg«, heißt ein Lehrsatz, den wohl jeder Schüler im Schwarzwald zu lernen hat. Der Neckar fließt als Nebenfluss des Rheins nach Norden und mündet erst bei Heidelberg/Mannheim in den Rhein. Da die Abflüsse zum Rhein hin nach Westen steiler sind als zur Donau im Osten, sind auch die Täler nach Westen durch die schneller fließenden Gewässer Gutach (29 Kilometer), Schiltach (29 Kilometer) und Kinzig (93 Kilometer) tiefer in die Landschaft eingegraben. Die Kinzig – vor allem zu Zeiten der Flößerei eine wirtschaftliche Ader – ist einer der wichtigsten Flüsse des Schwarzwaldes.

Donaueschingen: Hier vermählen sich die Flüsse Breg und Brigach und werden zur Donau. Die beiden Grazien »Mutter Baar« und ihre Tochter hüten den Brunnen der Donauquelle beim Schloss der Fürsten von Fürstenberg. Als «Baar» wird die Hochebene zwischen Schwarzwald und Schwäbischer Alb bezeichnet, die Tochter ist die Donau. (Adolf Heer, Marmor, 1895)
Seiten 36/37 X-mas Lichterfest an den Wasserfällen von Triberg

Die fließenden Gewässer prägen die Landschaft des Schwarzwaldes. Viele der zahlreichen Flüsse sind naturnah wie beispielsweise die Wutach (90 Kilometer), einer der letzten großen Wildflüsse in Mitteleuropa. Am Ober- und Hochrhein überleben aus diesem Grund Tier- und Pflanzenarten, die an anderen Orten längst ausgestorben sind. Dazu gehören etwa der Stein- und Dohlenkrebs, die Groppe und das seltene Bachneunauge. Sogar der Atlantische Lachs laicht wieder hier. Und – von nicht allen geliebt – baut der Biber mittlerweile wieder seine Burgen in diesen Gebieten.

DAS WASSER FÄLLT ...

An den Flüssen und Bächen des Schwarzwaldes findet man häufig Wasserfälle in verschiedenen Breiten und Höhen. Die in die Kinzig mündende Gutach stürzt sich bei Triberg als Triberger Fall – Baden-Württembergs höchster Wasserfall – in die Tiefe, der dank seinen 163

oben links Die Wilde Gutach – größter Zufluss der Elz – am oberen Ende
oben rechts Wasserfälle bei Allerheiligen
links Der Glaswaldsee ist ein runder Karsee – Durchmesser circa 200 Meter – aus der Eiszeit
Seite 39 Der Feldsee – 1.113 Meter hoch auf dem Feldberg gelegen – ist ein Karsee, dessen Abfluss in den Titisee mündet

Höhenmetern und sieben Kaskaden zu einem touristischen Anziehungspunkt geworden ist. Aus dem Quellgebiet des Stübenwasens speist sich der Todtnauer Fall, der mit seinen 97 Metern der höchste frei fallende Naturwasserfall Deutschlands ist und sich zu den zehn schönsten Naturdenkmälern Deutschlands zählen darf. Über zwei Stufen fällt das Wasser über das Granitmassiv ins Tal, ein Weg auf verschiedenen Brücken führt direkt entlang des Wasserfalls.

Bei Oppenau liegt im malerischen Lierbachtal das Kloster Allerheiligen, zwischen 1191 und 1196 erbaut, von dem heute nur noch die frühgotischen Klosterruinen erhalten sind. Wenige hundert Meter vom Kloster entfernt, stürzt sich der Lierbach insgesamt 93 Meter über sieben Stufen als Allerheiligen-Wasserfälle, auch Büttensteiner Fälle genannt, in die Tiefe. Diese Fälle wurden erst 1840 erschlossen, und wegen der unzugänglichen Lage sind um sie und das Kloster herum Sagen entstanden, in die Sie sich auf dem Sagenrundweg vertiefen können. Im Umfeld der zahlreichen Wasserfälle findet man seltene Pflanzen wie beispielsweise den weißblühenden Sternsteinbrech, der eine ständige Berieselung liebt.

VON SEEN UND KARSEEN

Neben den dahinplätschernden Bächen und wild rauschenden Flüssen gibt es im Schwarzwald auch eine Vielzahl stehender Gewässer – angefangen vom Mühlenteich, in dem Wasser aufgestaut

wurde, wenn der Bach nur wenig Wasser führte, bis hin zu den bedeutenden Seen eiszeitlichen Ursprungs wie dem Titisee, dem Mummelsee, dem Windgfällweiher und dem Feldbergsee. Im nördlichen Schwarzwald findet man mehrere kleinere, aber tiefe Seen, die sogenannten Karseen, die als die »dunklen Augen des Schwarzwaldes« bezeichnet werden und auch immer Ort für sagenhafte Geschichten über Wassergeister sind. Karseen entstanden durch komplizierte geomorphologische Prozesse in früheren Eiszeiten.
Für den Schwarzwalddichter Heinrich Hansjakob war der Glassee zwischen Bad Griesbach und Bad Rippoldsau-Schapbach der »kleinste, aber feinste Bergsee [...] unbeweglich wie ein Stück Ewigkeit.« Vor zirka 120.000 bis 60.000 Jahren entstanden auch der Herrenwieser See und der Schurmsee. Im Tal der Murg findet man den Großen und Kleinen Hohlohsee, den Horn- und Wildsee. Große Stauseen wie der Schluchsee mit seinem Schluchseewerk, die Schwarzenbachtalsperre, die Talsperre Kleine Kinzig oder die Nagoldtalsperre dienen der Stromerzeugung, dem Hochwasserschutz oder der Trinkwasserversorgung. Am Fuße des Belchens findet man noch einen besonderen See: den Nonnenmattweiher mit einer schwimmenden Torfinsel und wilden Seerosen.

SCHÜTZENSWERTES HIGHLIGHT: DIE WUTACHSCHLUCHT, DER GRAND CANYON DES SCHWARZWALDS

Die Wutach entspringt unter dem Namen Seebach nur wenige Meter unterhalb des Seebuck, stürzt in den Feldsee, fließt weiter zum Titisee, verlässt diesen als sanfte Gutach (nicht zu verwechseln mit der anderen, nördlicheren Gutach im Schwarzwald) und wird mit dem Zufluss der Haslach und dem romantischen Rötenbach zur wilden Wutach und schäumt dann durch einen tiefen Graben. Die Wutachschlucht ist eine der letzten Wildflusslandschaften in Mitteleuropa und eines der ältesten Naturschutzgebiete in Baden-Württemberg. Streckenweise hat sie sogar Urwaldcharakter und wird zu Recht als »Grand Canyon des Schwarzwaldes« bezeichnet. Seit 1928 steht das Naturschutzgebiet der Wutach- und Gauchachschlucht unter besonderer Fürsorge. Dadurch konnte die spezifische Artenvielfalt erhalten bleiben: Informationstafeln weisen auf über 30 seltene Orchideenarten, auf Moose, Farne, insgesamt auf rund 1.200 weitere Pflanzen wie Hirschzunge und Felsennelke hin, über dem glasklaren Wasser fischen Eisvögel, kreisen Turmfalken und der Rote Milan. In den Fluten

links Der Windgfällweiher oberhalb des Schluchsees
oben Moorwiesen bei Ibach im Hotzenwald

springen Forellen, an den Ufern flattern 500 Schmetterlingsarten, über 100 Käferarten krabbeln durch Seidelbast, Waldmeister, wilden Thymian und Bärlauch. Der 13 Kilometer lange Wanderweg führt durch den wildesten Teil der Schlucht, vorbei an sonnenwarmen Hängen, an denen Eschen und Ahorn wurzeln, sowie an der Südseite mit ihren Linden, Trauben- und Stieleichen. Wegen der oft nassen und rutschigen Wege und schmalen Felsensteigen sind hier feste Wanderstiefel eine Pflicht.

FEUCHTGEBIETE

Durch starke Niederschläge vor allem im West- und Hochschwarzwald sind in den Senken großflächige Hochmoore entstanden. Inzwischen stellen sie die schützenswertesten Lebensräume dar. Jahrzehntelang wurden sie entwässert und Torf daraus abgebaut. Inzwischen werden die zahlreichen Moore mehr und mehr renaturiert, da sie wie auch die Feucht- und Nasswiesen auf Grund ihrer extremen Lebensbedingungen Standort für seltene und gefährdete Pflanzen und Tiere sind – wie die nur in Hochmooren anzutreffenden Schmetterlinge Hochmoorbläuling und Hochmoorgelbling. Und im Gebiet des Feldbergs findet man dank des großflächigen Wasseraustritts Niedermoore, in denen fleischfressende Pflanzen wie der rundblättrige Sonnentau und das Alpenfettkraut wachsen. Im Herbst blüht der violette Sumpf-Enzian und im Sommer wiegt sich das seidig weiße Wollgras im Windspiel der Moorkiefern.

Seiten 42/43 Mühle am winterlichen Thurner
links Die weltberühmte Hexenlochmühle, eine 1825 erbaute Sägemühle an der Wilden Gutach
oben Der Blindensee bei Schonach, ein Hochmoorsee ohne oberirdischen Abfluss

MÜHLEN IM SCHWARZWALD

Ohne das Wasser im Schwarzwald gäbe es keine Mühlen – und auch nicht die Schwarzwaldmühlenlieder. Ja, was wäre der Schwarzwald ohne seine Mühlen, an denen das Wasser rauscht, das Holz knarrt und der Mühlstein knirscht? Denn zu einem früheren Schwarzwaldhof gehörte auch ein Mühlrad. Man sieht es noch heute an einer Seite des Haupthauses, wenn es nicht zum Schutz vor der Witterung mit einer sogenannten Radstube umbaut wurde. Ein Mühlrad direkt am Haus aufzubauen, setzte natürlich voraus, dass ein Bach unmittelbar am Haus vorbeirauschte oder ein künstlicher Wasserzulauf angelegt wurde. An wasserreichen Bächen wurden die Mühlen unterschlächtig gebaut, da die Landschaft aber gerade im Hochschwarzwald oft sehr steil ist, wurden die Mühlen oberschlächtig gebaut. Das Wasser läuft dann über eine hölzerne Leitung auf das Rad. Floss kein Bach direkt am Hof vorbei und war eine künstliche Wasserzufuhr nicht möglich, wurde die Mühle in unmittelbarer Nähe des Hofes und mit einem Wohnraum für den Knecht erbaut.
Die Anfänge der Müllerei verdanken wir den Benediktinermönchen, die Mühlen betrieben, da ihre Klöster laut Ordensregel eine Wirtschaftseinheit darstellen sollten. Später wurden die Mühlen eine wichtige Einnahmequelle für die Grundherren. Und die versuchten, ihr Privileg der Müllerei zu erhalten, als immer mehr Bauern um eine Genehmigung zum eigenen Mühlenbau baten. Doch die Wege zur Herrenmühle, um das Korn dort mahlen zu lassen, waren für die Bauern oft sehr weit und beschwerlich. Auf Dauer ließ sich deshalb der Trend zur hofeigenen Mühle nicht aufhalten. Einige

kann man noch heute beim alljährlichen Deutschen Mühlentag am Pfingstmontag besichtigen. Verschiedene Mühlenwanderwege führen zu den Mühlen, und auf dem zwölf Kilometer langen Ottenhöfener Mühlenwanderweg rund ums Achertal können allein neun Mühlen besichtigt werden. Ja, oft findet man heute auch eine Mühle, die als Ferienhaus für den beliebten Urlaub auf dem Bauernhof eine neue Bestimmung gefunden hat. Die imposant geschnitzten *Kleiekotzer* in diesen alten Mahlwerken sollten Unheil vom täglichen Brot fernhalten. Wie die Mühlen finden sich auch immer noch Backhäuschen, in denen einmal in der Woche das knusprige und deftige Bauernbrot gebacken wurde – jede Schwarzwälder Bauersfrau hatte ihr eigenes Brotrezept und eine eigene Technik, um den Ofen bis zu einer bestimmten Glutmenge zu feuern, in der nach dem Brot die leckeren Obstwähen gebacken wurden. Überall gibt es auch heute noch das Bauernbrot mit seiner Holzofenkruste zu kaufen.

DICKE FISCHE ANGELN, SEGELN UND RUDERN

Ernest Hemingway durchwanderte nicht nur den Schwarzwald, er war auch ein leidenschaftlicher Forellen-Angler und ging seiner Liebhaberei auch in den frischen und munter dahinplätschernden Flüssen nach. Über den gesamten Schwarzwald verteilt, besteht – auch als Gast mit einer gültigen

links Rudern auf dem Titisee
oben Ein Bötchen auf dem Schluchsee

Angelkarte – die Möglichkeit, Fische in Seen oder Bächen zu angeln. Bevorzugt werden die Forelle, der Saibling, in den Seen das Rotauge, der Zander, der Karpfen und der Hecht. In Schönau hat von April bis September das Fliegenfischen Saison, bei dem vor allem die Bach- und Regenbogenforelle anbeißt. Der Schwarzwald ist ein Anglerparadies in einer herrlichen Landschaft, die vom Element Wasser mitbestimmt wird.

Von den Seen im Schwarzwald stellt der Schluchsee mit einer Länge von sieben Kilometern und der durchschnittlichen Breite von 800 Metern ein sehr reizvolles Segelrevier dar. Er ist nicht nur der größte See im Schwarzwald, er ist mit seinem Stauziel auf 930 Meter Höhe auch die höchstgelegene Talsperre Deutschlands – und dank den wechselhaften Winden ein außergewöhnliches und interessantes Segelrevier, das für den erfahrenen Segler eine sportliche Herausforderung sein kann. In der Segelschule am Schluchsee kann der Segelschein erworben werden. Barrierefreiheit bieten Boote auf dem Schluchsee mit dem Typ Mini-12 Racer; für nicht gehfähige Menschen steht ein behindertengerechtes Wassersportgerät, das Paraboat, zur Verfügung, das ein sicheres Einsteigen an Land ermöglicht und erst dann über eine Rampe zu Wasser gelassen wird. Das Paraboat ist konstruiert wie ein Tretboot, nur dass es mit den Händen betrieben wird. Geruhsam zeigen sich den Ruderern die Seen des Schwarzwaldes, sportlicher geht es dabei auf den Altrheinarmen bei Breisach zur Sache.

GESUNDE WASSER

Rau zeigt sich der Schwarzwald, wild schäumend und ungezähmt, und doch sprudeln aus seinem Innern wohltuende, entspannend wirkende und wärmende Quellen, auch als Wildbäder bezeichnet. Sauerbrunnen sind dagegen die kalten, stark kohlensäurehaltigen Mineralquellen. Die Thermen des Schwarzwaldes waren bereits den Römern eine Freude, und sie siedelten darum am Ort der heutigen Städte Badenweiler, Baden-Baden und Ettlingen. Und später waren es Badenweiler, Baden-Baden und Bad Wildbad, die als Bäder ab dem Mittelalter wieder bedeutend wurden.

75 nach Christus bauten die Römer eine ihrer Siedlungen nahe der Rheinebene und gaben ihr den Namen Aquae Villae – Wasserstadt –, das spätere Badenweiler. Hier bauten die *civis romani* die römischen Bäder, deren Überreste heute unterhalb der Cassiopeia Therme im Kurpark zu betrachten sind. Sie gilt als die am besten erhaltene Badruine Deutschlands. Heute erlebt man die heilenden Quellen als Wellnessoasen in der Cassiopeia Therme auf 3.800 Quadratmeter Wasserfläche. Aquae Aurelia wurde das Bad im heutigen Baden-Baden von den Römern genannt, zunächst ein Bad für Soldaten. Der Bau eines prächtigen Gebäudes darf als Beginn einer bis heute andauernden Bäderkultur gesehen werden. Heute genießt man in der Caracalla Therme auf 3.000 Quadratmetern wohltuende Entspannung. Weiteres ausgiebiges Badevergnügen verheißt ein Besuch im 1876 erbauten Friedrichsbad, wo wir römische Bäderkultur erweitert mit irischen Heißluftbädern und heilendem Thermalwasser genießen können.

Seiten 48/49 Badenweiler: Cassiopeia Therme – bei 30 Grad baden im Außenbereich
oben Bad Wildbad: im Palais Thermal
unten Trinkhalle in Baden-Baden: Wasser trinken aus bis zu 17.000 Jahre alten Quellen
rechts Bad Krozingen: im Thermalbad Vita Classica

Bad Wildbad wurde als *Wiltbad* bereits 1345 urkundlich erwähnt und ist seit dem 15. Jahrhundert als Kurort bekannt. Hier entstanden das 1847 erbaute Palais Thermal, 1889 das in maurischem Stil erbaute König-Karls-Bad und das Thermalbad (Vital Therme). Weitere Wellnessoasen locken in Bad Bellingen, in Sankt Blasien-Menzenschwand mit dem Radon Revital Bad, in Freiburg mit dem Eugen-Keidelbad, in Bad Teinach und Bad Dürrheim (Mineralthermen) sowie in Bad Krozingen mit der Vita Classica (u. a. mit Japanischem Bad).

FEUER UND ROHSTOFFE ALS QUELLE DER WIRTSCHAFT

Eindrucksvolle Ausblicke über die vulkangeprägte Landschaft bis hin zu den Schwarzwaldhöhen erhält man während einer Ballonfahrt. Sie eröffnet einen veränderten Blickwinkel auf die Schwarzwaldlandschaft mit ihrem Wechsel von Städten und Höfen, von Wiesen und Tälern, Wäldern und Höhenzügen. Umgeben von Ruhe und Stille schwebt der mit Hitze befeuerte Ballon gen Himmel. Ein eindrückliches Unterfangen, bei dem man dem feurigen Element im Schwarzwald ganz nahe sein kann.

VOM STEINZEITBERGBAU ZUR SOLAR-HIGH-TECH

Die Jagd nach Rohstoffen begann bereits in der Steinzeit, als man in Sulzburg mit dem Abbau von Hämatit begann, das zu den frühesten von Menschen genutzten Mineralien gehört. Die Kelten gruben bei Neuenbürg im Nordschwarzwald vor 2.500 Jahren nach Eisenerz. Im mittleren und südlichen Schwarzwald, zum Beispiel im Münstertal, wurden zu Zeiten der Römer intensiv Eisen-, aber auch Silber- und Bleierze abgebaut. Schon bei der ersten Verhüttung waren drei Kriterien besonders

links Grube Wenzel im historischen Bergbau- und Flößerort Wolfach
oben Freizeitköhler bei ihrer Arbeit im Hotzenwald
Seiten 54/55 Steckenpferd-Flößer an der Kinzig in Wolfach

wichtig: die Kraft des Wassers, ausreichendes Holzvorkommen und Erz. In einem Schmelzofen wurde dann mit der Kraft des Holzfeuers das Erz herausgeschmolzen. Der Schauinsland weist das größte Vorkommen an Silber, Blei und Zink auf. Davon zeugt heute noch das in 800 Jahren geschaffene Stollensystem. Heute können die Stollen besichtigt werden, die weit in die Tiefe reichen. Die Einnahmen aus dem damals gewonnenen Silber machten es möglich, dass die Freiburger sich ein Münster erbauen konnten, das bis heute als Bauwerk mit dem schönsten Turm der Christenheit bekannt ist. Und auch am Feldberg und im Münstertal erlebte man zu Zeiten des späten Hochmittelalters (ab circa 1100) einen Aufschwung im Bergbau. Auch das Kinzigtal mit seinen Seitentälern wurde zum bedeutenden Bergbaugebiet, vor allem für Schwerspat, Kobalt und Silber.
Anfang des 16. Jahrhunderts kam der Bergbau zum Erliegen. Der Dreißigjährige Krieg und die Entdeckung Amerikas mit den dort vorhandenen Silberfunden ließ den Silberbergbau im Schwarzwald abflauen. Erst im 18. Jahrhundert wurden einige Gruben wieder betrieben. Im 20. Jahrhundert galt es eher, Mineralien wie Flussspat und auch Fluorit abzubauen, da diese in der chemischen Industrie immer mehr an Bedeutung gewannen. Die Grube Clara bei Oberwolfach gilt als die bedeutendste deutsche Fluss- und Schwerspatgrube. Auch Uran wurde im Schwarzwald eine Zeitlang gewonnen. In Menzenschwand wurden 100.000 Tonnen Uranerz abgebaut und zu 720 Tonnen Uran verarbeitet. Gegen einen weiteren Abbau demonstrierten die Anwohner erfolgreich, so dass 1991 die Erzgrube geschlossen wurde.

Schnitzkunst für den Alltag: Kleie-Kotzer in der Alten Mühle im Elztal. Aus dem Mund der Fratze, die auch der Schutzgeist der Mühle war, trat die Kleie aus

rechts Viel Holz vor dem Holzhaus. Fischerbach im Kinzigtal

Das Bergbaufreilichtmuseum Erzpoche Hausach, das Bergbau- und Mineralienmuseum Oberwolfach, der Bergbaulehrpfad Mausboden in Todtnau berichten heute noch von der schweißtreibenden und schweren Arbeit der Erzgewinnung im Schwarzwald. Auf dem Bergbaugeschichtlichen Wanderweg in Sulzburg, dem Erzkasten-Rundweg auf dem Schauinsland, im Museumsbergwerk Schauinsland, in der Grube Wenzel in Oberwolfach und im Mineralienmuseum *Gottesehre* kann der Jagd nach den Rohstoffen im wahrsten Sinne des Wortes nachgegangen werden.

WILHELM HAUFFS KÖHLER MICHEL

Zahlreiche Ortsnamen geben Aufschluss über ihre Besiedelungsform – oft war der Ort durch eine Brandrodung entstanden. Mit dem Feuer konnten die Schwarzwälder schon seit Anbeginn an gut umgehen. Ein ganz wichtiger Erwerbszweig, der sich entwickelte, war das Handwerk des Köhlers. Mühevoll wurden die Kohlenmeiler mit bis zu 300 Ster Holz aufgetürmt, mit Reisig und Erdschichten abgedeckt und ein kunstvolles Belüftungssystem installiert, das das Abbrennen des Meilers verhinderte. Die nach etwa 14 Tagen gewonnene Holzkohle lieferte den Brennstoff für die entstehenden industriellen Betriebe in den Tälern, die sich später zu heute noch bestehenden chemischen und pharmazeutischen Werken entwickelten. Nicht nur zu Schauzwecken werden auch im 21. Jahrhundert noch Kohlenmeiler aufgebaut; auf dem Dachsberg kann man sich sogar mit original Schwarzwälder Holzkohle für seinen Grill versorgen. Wilhelm Hauff hat in seinem Märchen vom Köhler Michel mit dem steinernen Herzen ein eindrückliches Bild der Zeit zu Papier gebracht.

AMSTERDAM STEHT AUF SCHWARZWALDTANNEN

Ein traditioneller Berufszweig war auch die Flößerei. Die Baumstämme wurden oft über Rutschen, den *Riesen*, und auf nicht ungefährliche Weise den Berg hinabbefördert und dann auf dem Wasserweg weiter transportiert. Da die Wassermenge in den kleinen Bächen nicht ausreichte, wurden Floßstuben angelegt, in denen das Wasser mit den Stämmen gestaut wurde. Öffnete man die *Schwallung*, so schwammen die Stämme auf dem künstlichen Hochwasser ihrem Ziel entgegen. Vor allem Brennholz war in den wachsenden Städten begehrt. Zu einer besonderen Berühmtheit

hatten es die groß und gerade gewachsenen Schwarzwälder Tannen als *Holländertannen* gebracht. Sie mussten bis zu 33 Meter lang sein und einen Durchmesser von 33 bis 48 cm aufweisen, damit sie zum Rhein und auf diesem bis nach Holland geflößt werden konnten. Die Stadt Amsterdam steht auf Millionen Schwarzwälder Tannen, ohne die sie im Sumpfland versinken würde. Zur Bewältigung dieser kapitalintensiven Geschäfte wurden im Schwarzwald Handelskompanien gegründet, die es zu einem beachtlichen Reichtum ihrer Mitglieder brachten. Mit dem Bau der Eisenbahn verlagerte sich der Holztransport auf das modernere Verkehrsmittel – die Tage der Flößerei waren gezählt, leben aber bei Brauchtumsveranstaltungen an der Murg, Enz oder Kinzig wieder auf.
Die etwas zurückhaltende Art der Schwarzwälder wird auch mit der Besiedlungsform erklärt. Anstatt sich in Dörfern zusammen um eine Kirche zu versammeln, zog man es vor, sich in Streusied-

links Vogtsbauernhof in Gutach – 400 Jahre Bauerngeschichte und altes Handwerk hautnah erleben und gleichzeitig den ganzen Schwarzwald durchstreifen: sechs im Stil der Herkunftsregion nachgebaute und voll eingerichtete Schwarzwald-Eindachhöfe mit Tagelöhnerhaus, Nebengebäuden wie Mühlen, Sägen, Kapelle, Speicher und Leibgedinghaus. Im Stall stehen alte Haustierrassen, auf Weiden tummeln sich Schafe, Ziegen und Hühner
oben Flucht nicht wie ein Besenbinder: zufriedener Besenbinder auf dem Vogtsbauernhof

lungen an den Hängen niederzulassen. Zuerst musste – nach Rodung und Suche eines geeigneten Standortes mit Wasserversorgung und Sonnenorientierung – ein Haus gebaut werden. Zu jedem Hof gehörte oben ein Stück Wald, dann Äcker und Felder zur Bewirtschaftung und Weide für das Vieh. Ein Wasserlauf und eine Quelle sorgten für die Frischwasserzufuhr. Alle Haustypen des Schwarzwaldes sind im berühmten Schwarzwälder Freilichtmuseum *Vogtsbauernhof* in Gutach/ Schwarzwaldbahn zu sehen. Die Höfe wurden an ihrem angestammten Platz ab- und hier originalgetreu wieder aufgebaut. Berühmt sind die Schwarzwälder Eindachhöfe, die unter ihrem gemeinsamen Dach Mensch und Tier Obdach boten und bieten. Zur Wetterseite hin reichte das Dach meist bis fast auf den Boden.
Die gesamte Konstruktion der tragenden Balken, Decken, Wände und des Dachs wurde mit dem Werkstoff Holz ausgeführt. Von Muskelkraft wurden die großen Tannen in den Wäldern gefällt, auf die richtige Länge gekürzt und mit Beilen zu Vierkantbalken zurechtgezimmert. Bretter wurden aus den Stämmen gesägt, indem man eine Grube aushob, den Stamm darauf legte und gleichzeitig von oben und unten mühsam sägte. Große Sägewerke verarbeiten auch heute noch den Waldreichtum des Schwarzwaldes, der allerdings durch mehrere Stürme wie *Wiebke* und *Lothar* massiv geschädigt wurde. Zahlreiche Firmen haben sich im Fertighausbau oder bei Holzkonstruktionen von großen Ausmaßen internationales Renommee verschaffen können. Bauwerke wie auf der Weltausstellung 2000 in Hannover oder der Innenausbau der Dresdner Frauenkirche sind bekannte Beispiele für Schwarzwälder Holzbaukunst.

SCHNEFLER UND SCHNIDESEL

Der heutige Waldreichtum ist allerdings kein Ergebnis gewachsener Bestände – die geschilderte Verköhlerung und die Glashütten hatten dem Baumbestand zusammen mit der zunehmenden Beweidung der Wälder recht rasch den Garaus gemacht. Erst die planmäßige Forsteinrichtung in den Zeiten des badischen Großherzogtums hat den heutigen Schwarzwald hervorgebracht. In manchen Teilen des Schwarzwaldes und vor allem bei Waldungen im Privatbesitz wird er auch heute noch als Plenterwald betrieben. Dabei besteht der Wald aus einer bunten Mischung von Laub- und Nadelbäumen, von jungen und alten Gehölzen. Je nach Bedarf wird ein Baum herausgenommen – der Plenterwald ist das Gegenteil einer schnell wachsenden und in Reih und Glied angesetzten Fichtenkolonie.

Zum Decken des Dachs wurde Stroh verarbeitet und zum Schutz der Hauswände wurden Schindeln, kunstvoll gefertigte Holzziegel in der Form von Holztäfelchen hergestellt. Der *Schnefler* lagerte die Holzstücke in der richtigen Länge und schlug zulaufende, unten gerundete Stücke ab, die er dann am *Schnidesel* zubereitete. Das Holz musste aber an bevorzugten Tagen gefällt werden, diese Tage waren vom Mondkalender, also vom auf- oder absteigenden Mond bestimmt. Noch heute halten sich Holzfäller im Schwarzwald an den Mondkalender, besonders wenn Holz für Musikinstrumente geschlagen wird. Der Geigenbau war im Schwarzwald ein Handwerk, das besonders in der Gegend um Neustadt und bis in die 1930er Jahre in Rötenbach ausgeübt wurde. Die wenig erhalten gebliebenen Schwarzwald-Geigen werden von musikalischen Kennern für ihre Tonqualität gerühmt. Der Gitarrenbau hat sich bis heute gehalten – eine Feldberggitarre aus Holz von hohen Gipfellagen garantiert wundervolle Klänge. Doch vom Musikmachen waren die ersten Siedler noch weit entfernt, zuerst ging es um die Herstellung der überlebensnotwendigen Lebensmittel.

AUF DEN HUND GEKOMMEN

Das erste Arbeitsgerät wurde ebenso aus Holz angefertigt, und auch heute noch schwören manche auf die Qualität eines Holzrechens zum Heueinsammeln und auf einen gut federnden Axtstiel aus Eschenholz. Holzschuhe wurden angefertigt, die man auch heute noch zur Gartenarbeit oder in den Stall anzieht. Von der Möbelherstellung erzählen die bunt bemalten Bauernschränke, Kisten und Truhen. In den Truhen bewahrte man Wäsche sowie Vorräte auf, bis man auf den am Truhenboden aufgemalten Hund stieß und spätestens jetzt wusste die Bäuerin, dass man »auf den Hund gekommen war«. In Bernau wird der holzverarbeitende Handwerkszweig noch weiter gepflegt – in moderner Ausprägung. Schnitzerwerkstätten stellen aber auch Krippenfiguren und künstlerisch gestaltete Gebrauchsgegenstände her. Wie einst werden aus biegsamen Weiden Körbe aller Größen geflochten, die früher der Ernte von Kirschen, Pflaumen und Kartoffeln dienten. Die Körbe, Kisten und Schachteln waren zur Lagerung von Gegenständen aller Art wichtig, in den Holzzubern

Faszinierendes Spiel mit dem Feuer: In Alpirsbach wird nicht nur Bier gebraut seit alters her, sondern auch Glas geblasen
Erlebnis-Schnapsbrennerei »Teufelsbrück« in Sasbachwalden

und Bottichen ruhten das eingesalzene Fleisch, der Mangold und das Sauerkraut. Der berühmte Schwarzwälder Schinken wurde über der oft offenen Kochstelle aufgehängt – durch die kaminlosen Häuser zog der Rauch von den *Rauchküchen* bis unter das Dach. Wegen Funkenflug eine nicht ungefährliche Art von Heizung; allerdings konservierte der Rauch das Holz und hielt Ungeziefer fern.

GEISTVOLLES IM GLAS: VON BLÄSERN UND BRENNERN

Zwei Berufszweige nutzten die Feuerkraft des Rohstoffes Holz: die Glasbläserei und Schnapsbrennerei. Überall entstanden mitten in den Wäldern mobile Glasbläserstationen, die sich auch heute noch leicht auffinden lassen – wegen des schwarz verbrannten Bodens und Glasabfällen. Das aus der Pottasche und Buntsandstein oder Quarzsand gewonnene Glas war grob gearbeitet und diente der Aufbewahrung von Flüssigkeiten, von denen besonders der Schnaps zu erwähnen ist. Ja, Edles gibt es auch in klarer Form als Branntwein im Glas und in der Torte, denn was wäre eine Schwarzwälder Kirschtorte ohne das typische Kirschwasser. Der Straßburger Bischof Rohan gewährte 1726 den Bauern das Recht, in seinen rechtsrheinischen Besitzungen überzähliges Obst destillieren zu dürfen. Für die Obstbrände und Liköre wird das vollreife Obst der knorrigen Apfel-, Birn-, Zwetschgen- und natürlich Kirschbäume, die bevorzugt auf den Streuobstwiesen wachsen, geerntet und durch das Feuer des Brennkessels zu Schnaps gebrannt.

So entsteht hochklassiges Kirsch-, Zwetschgen- und Mirabellenwasser, echter Williamsbirnen- und Traubenbrand oder edler Himbeer- und Erdbeergeist. Dazu ist das traditionelle Wissen der Schnapsbrenner wichtig, denn längst werden nicht mehr nur Weine, sondern auch die Edelbrände prämiiert. Eine Spezialität ist der *Rossler*, der aus der unscheinbar wirkenden Topinamburknolle gebrannt wird. Streuobstwiesen sind besondere Oasen für die Menschen, aber vor allem auch für die Tierwelt, und sie sind typisch für die fruchtbare Rheinebene zu Füßen des Schwarzwaldes, der sogenannten

Vorbergzone. Hier findet man sie noch: uralte Sorten wie Weinäpfel oder Mostbirnen nebst vielem Wildobst. Übrigens steuerte man dem übergroßen Konsum von Hochprozentigem später ebenfalls wieder kirchlicherseits entgegen: mit Niederprozentigem, indem die Klöster eigene Brauereien gründeten wie zum Beispiel das Kloster Sankt Blasien, aus dessen Biersiederei die heutige badische Staatsbrauerei Rothaus hervorging.

Das bäuerliche Recht der Hausbrennerei wird im Schwarzwald auch heute noch im Rahmen des zugeteilten Kontingents ausgeübt, wiewohl es dem Brüsseler EU-Reglementierungswahn zutiefst widerstrebt. Dass das Schwarz-Brennen aber etwas mit dem Schwarzwald zu tun hat, gehört in das Reich der Legenden. Präsent sind auf dem nationalen wie internationalen Markt bekannte Schwarzwaldbrennereien, die besonders mit einem Kirschwasser oder einem Himbeergeist Erfolge feiern.

MÜHSAMES SEIDENWEBERINNENLEBEN

Zum Fegen in Stall, Haus und Hof wurden aus verschiedenen Materialien Besen, zum Reinigen von Kleidern wurden Bürsten gefertigt. Die Bürstenmachertradition ist eng mit dem Ort Todtnau verbunden, wo heute einer der weltweit bedeutendsten Hersteller von Bürstenmaschinen seinen Sitz hat; die Maschinen stellen heute allerdings von der Zahn- bis zur WC-Bürste alles her. Kleiderbürsten hat man vor allem zum Reinigen der Tracht benützt, die an kirchlichen Feiertagen, an

1737 wurde in Schönwald die Kuckucksuhr erfunden. Von hier aus werden diese Original Schwarzwalduhren in alle Welt geliefert (www.Kuckucksuhr.net)

Sonntagen, bei Prozessionen und Hochzeiten, Taufen und Beerdigungen getragen wurde. Die Stoffe zu den reichlich mit Stickereien verzierten Trachten stammten aus der Hausindustrie. Nicht nur findige Schweizer Textilfabrikanten installierten ein Netz von Hauswebstühlen, die kaum in die kleinen Bauernhäuser passten und an denen vor allem im Winter noch bis in die 1950er Jahre in mühsamer Handarbeit Bänder und Borten gewebt wurden. Ein überlieferter Spruch lautet: »Euse Hergott hat viel glitte uf dere Welt, aber Siidebändel hätt er cheini gwobe« – unser Herrgott hat viel gelitten auf dieser Welt, aber Seidenbändel musste er keine weben. Ein wichtiges Element der Tracht in manchen Gebieten war der Strohhut oder die zur Tracht getragenen Strohtäschchen. Als ein kurzzeitig florierender Zweig der Heimindustrie hatte die Strohflechterei zahlreiche junge Frauen beschäftigt.

HOLZ MASS DIE ZEIT

Lag es an den schwer zugänglichen Schwarzwaldtälern, dass sich dort Tüftler technische Gedanken über das Messen der Zeit machten? Denn die Zeit und die Zeitmessung haben diese Hinterwäldler mit ihren Uhren maßgeblich beeinflusst. Aus dem Holz ihrer Wälder bauten die Bauern im Winter in winterlicher Heimarbeit Uhren. Um 1730 wurde von Franz Anton Ketterer aus Schönwald die erste Kuckucksuhr – heute neben dem Bollenhut Inbegriff für den Schwarzwald gebaut, deren traditioneller oder poppig-greller Bautyp auch heute noch Besucher aus aller Welt begeistert. 1850 wurde in Furtwangen die erste deutsche Uhrmacherschule gegründet. Zahlreiche feinmechanische Betriebe sind aus der Uhrenindustrie entstanden, deren Produkte auf dem Rücken der Uhrenträger – wie auch die Glasprodukte auf dem Rücken der Glasträger – ihre Verbreitung bis nach Russland und in die Türkei, von England bis nach Portugal fanden. Und neue Berufe wie Uhrenschildermaler, Uhrenschnitzer, Zeigermacher und Rädchenmacher wurden geboren. Bis mit den auf Metallbasis industriell gefertigten Uhren eine neue Zeit anbrach: Uhrenfabriken unterlagen den Gesetzen des internationalen Wettbewerbs, vor allem die günstigere amerikanische Herstellung von Weckern brachte die heimische Uhrenindustrie in Schwierigkeiten. Doch kreative Unternehmen wie Kienz-

le und Junghans, beide im 19. Jahrhundert gegründet, setzten sich auf dem Weltmarkt nachhaltig durch und gehören auch heute zu den führenden Zeitmesserherstellern.
Metalle wurden wie schon erwähnt im Schwarzwald in den zahlreichen Bergwerken gefördert. Ehemals hölzernes Arbeitsgerät wurde durch solche aus Metall ersetzt oder ergänzt. Die im Schwarzwald bei Baiersbronn oder Achern handgeschmiedeten Sensen, die oft mit von Wasserkraft angetriebenen Hämmern bearbeitet wurden, brachten eine Revolution in der winterlichen Heuvorratshaltung mit sich. Motormäher und Motorsäge sowie die ersten Traktoren folgten als nächste Schritte nach 1945. Von den einst zahlreichen Herstellern hat sich die Firma Unimog durch ständige Anpassung an die Kundennachfrage am Markt behaupten können. Die zweite Hälfte des 20. Jahrhunderts wird durch die Unterhaltungselektronik geprägt von Firmen wie Saba, Dual oder Becker. Die fernöstlichen Wettstreiter brachten in den 1970er Jahren schwere Konkurrenz.
Doch bis heute behauptet sich der Schwarzwald als metallverarbeitender Industriestandort führender hochtechnologischer Firmen. So werden auch Windkraftanlagen *Made in Baden-Württemberg* gefertigt. Windkraftanlagen statt Automobile – ein neuer Wind, denn heute möchten immer mehr Schwarzwaldgemeinden energieautark sein. Wo es geht, wird die Energie genutzt, die aus der Natur selbst kommt: In Sasbach am Kaiserstuhl wurde 1975 von Werner Mildebrath die erste thermische Solaranlage gebaut. Eine moderne Nutzung der Sonnenenergie nahm dort ihren Anfang, die zumal aus der aktuellen Energiediskussion nicht mehr wegzudenken ist. Das Fraunhofer Institut für Solare Energiesysteme in Freiburg ist heute das größte Solarforschungszentrum in Europa. Andere Energien werden durch die Windkraft, Biogas und die Erdwärme erzeugt.

AUS EDLEM UND UNEDLEM WIRD SCHÖNES DURCH DIE KRAFT DES FEUERS

Neben dem Brennen von Glas über heißem Feuer, von der heute Glasbläsereien in Wolfach und Todtnau zeugen, wurde im Schwarzwald auch das Schmuckgewerbe schon früh groß geschrieben. In den Anfängen der Industrialisierung entstanden beispielsweise in Pforzheim Unternehmen der Schmuckherstellung, der Edelmetall- und Edelsteinverarbeitung. Hier ist darum auch der richtige Platz für die Goldschmiedeschule und das Schmuckmuseum Pforzheim im Reuchlinhaus. Wie aus einem höchst unedlen Klumpen Ton wunderschöne Gefäße entstehen können, zeigt das Heimat- und Keramikmuseum Kandern. Die Tongruben der Umgebung und die Lage an der damaligen Handelsstraße zwischen dem Elsass und der Schweiz machten den Ort Kandern bereits seit dem 16. Jahrhundert zum Mittelpunkt sowohl für die Herstellung wie auch den Handel mit Töpferwaren. Hier kann die für Kandern typische Hafnerware und Töpferei betrachtet werden. Eine Sonderausstellung zeigt Keramiken von Prof. Richard Bampi und seinem Schüler Horst Kerstan, der nach dem Tod seines Meisters im Jahr 1965 dessen Werkstatt übernahm und bis zu seinem frühen Tod 2005 weiterführte. In der Fauststadt Staufen öffnete 1991 das Keramikmuseum seine Pforten. Staufen zeigt die lange Tradition des Hafnerhandwerks. Hier steht die Keramiksammlung Maier-Bregger

Wagner Hoch in Waldkirch – vertieft in sein altehrwürdiges Handwerk

mit einer Originalwerkstatt mit Tongrube, Töpferscheibe, Glasurmühle und den Holzbrennöfen im Mittelpunkt der Ausstellung, war dies doch der frühere Arbeitsplatz des Hafners Josef Maier und des Kunstkeramikers Egon Bregger.

Genügend Holz für die Brennöfen, die muntere Schiltach als Wasser- und Energiequelle und ein unbewohntes Schloss waren einst Impulsgeber für die 1820 gegründete Faist'sche Steingutfabrik. Isidor Faist war es, der die Firma in dem einst strukturschwachen Schramberg gründete. Seine Töpferwaren waren bald in allen Haushalten zu finden und das Unternehmen blühte. Als 1829 auch noch Baron Ferdinand von Uechtritz das Unternehmen finanziell nach Kräften unterstützte, ermöglichte dies einen Fabrikneubau hinter dem Schloss und eine enorme Steigerung der Produktion. Die Fabrik hieß nun Steingut- und Majolikafabrik Uechtritz & Faist. Nach dem Verkauf an Villeroy & Boch im Jahre 1883, die sie 1912 weiterverkaufte, setzte eine wechselvolle Geschichte ein. 1989 schloss nach vielen Höhen und Tiefen die Traditionsfirma endgültig. Das Museum der Majolika in Karlsruhe bietet einen Überblick über die Produkte der im Jahre 1901 gegründeten staatlichen Majolika Manufaktur – die einzige, die heute noch besteht. Hier werden die Arbeiten aus der Zeit des Jugendstils bis hin zu modernsten Kunstrichtungen ausgestellt.

Viele der in diesem Kapitel beschriebenen traditionellen Berufe werden als solche auch heute noch ausgeübt, wenn auch die hergestellten Produkte nostalgischen Zwecken oder für Gäste als gesuchtes Souvenir dienen. Die mittelständisch geprägte Wirtschaft im Schwarzwald fußt in ihrer Vielfalt aber meist auf althergebrachten Berufen, auf dem Feuer und den einheimischen Rohstoffen Erz und Holz. In zahlreichen Museen lässt sich die Gewerbe- und Industriegeschichte deshalb auch anschaulich verfolgen.

ERDE – REICHES FÜLLHORN IM SCHWARZWALD

Die Landschaft des Schwarzwalds ist wunderschön anzusehen und in ihrer Ausprägung eindrucksvoll. Besonders auf ausgedehnten Wanderungen kann man die Gegend durchstreifen, man genießt den Blick über Wiesen und dunkle Wälder, die sich wie in einem bunten Kaleidoskop darstellen. So wie wir heute die Landschaft erleben, ist sie in der Folge einer Jahrhunderte dauernden bäuerlichen Besiedlung und Bewirtschaftung aber erst gewachsen.

WEINBAU DANK DER RÖMER

Der Weinbau hat eine lange Tradition, wurde er doch bereits auf Initiative der Römer um 100 n. Chr. im linksrheinischen Gebiet, dem heutigen Elsass, betrieben. Ab etwa 780 bis 1650 durchlief der Weinbau unterschiedliche Höhen und Tiefen, doch nach dieser Krisenzeit begann die Kultivierung des Weinbaus, bis er 1700 in den klimatisch begünstigten Rheingebieten eine Blütezeit erfuhr. Der Weg für Qualitätsweine wurde geebnet. Karl Friedrich von Baden (1728–1811) galt als

links Gelb und golden leuchten die Reben in Bischoffingen im Kaiserstuhl
oben Reben bewachsene Hänge in Buchholz, das seit 1975 mit Waldkirch verbunden ist
rechts Zahlreich sind die jährlichen Weinfeste im Kaiserstuhl

Förderer des Weinbaus. Er forcierte den Anbau der Reben in den Südhanglagen, z. B. im Kaiserstuhl, Tuniberg, der Ortenau und weiteren Gebieten wie dem Markgräflerland, die nun mit anspruchvollen Rebsorten bestockt wurden. Das badische Anbaugebiet erstreckt sich mit seinen 400 Kilometern, auf dem insgesamt 15.000 Hektar Reben angebaut werden, über die neun Bereiche Tauberfranken, Badische Bergstraße, Kraichgau, Ortenau, Breisgau, Kaiserstuhl, Tuniberg, Markgräflerland und Bodensee mit 16 Großlagen und 306 Einzellagen. Damit ist Baden das drittgrößte deutsche Weinanbaugebiet. Und dank seiner besonders günstigen klimatischen Bedingungen gehört Baden als einzige deutsche Weinbauregion zu der EU-Weinbauzone B – ist also auf Augenhöhe mit dem Elsass, der Champagne oder dem Loiretal. Damit gelten in Baden die höchsten Mindestanforderungen für Qualitäts- und Prädikatsweine in Deutschland.

Um sich gegen die wachsende nationale und internationale Konkurrenz zu behaupten, strebt man auch in Baden eine Profilierung der sogenannten Bereichsbezeichnungen an. Die Verbraucher sollen noch mehr erkennen können, aus welchem Gebiet der Wein stammt, den sie genießen. Dazu werden ein bis zwei bereichstypische Rebsorten herausgegriffen, die als Profilweine der jeweiligen

Region dienen und nach außen transportiert werden. Beispiele für Weißweine sind der Kaiserstühler Grauburgunder, der Gutedel aus dem Markgräflerland, die Ortenau mit ihrem Riesling, der dort auch Klingelberger genannt wird. Natürlich ist der Spätburgunder als übergreifende Rebsorte in allen Weinbaugebieten vertreten und hier Spitze, denn »Baden ist Burgunderland«, mehr als die Hälfte des deutschen Spätburgunders wächst in Baden. Auf 42 Prozent der badischen Rebfläche gedeihen Burgundertrauben wie Weißburgunder, Grauburgunder/Ruländer, der im Jahr 2011 seinen 300sten Geburtstag feiert, und der Blaue Spätburgunder. Im Schwarzwald werden insgesamt 100 Traubensorten angebaut. Ein Fest der Sinne für jeden Weinfreund, wenn diese Kostbarkeiten mit ihrem unverwechselbaren Geschmack eingeschenkt werden. Dafür stehen auch die zahlreichen Weinfeste, die alljährlich in den Weinorten gefeiert werden.

TYPISCH HINTERWÄLDER: GRAZILE TIERE AUF STEILEN HÄNGEN UND ANDERE TIERISCHE EXOTEN IM SCHWARZWALD

Für die Bewirtschaftung der kleinen und oft steilen Parzellen wurden die kleinste Rinderrasse Mitteleuropas und das leichteste Kaltblutpferd eingesetzt. Mit diesen anspruchslosen, trittsicheren und keinen Anstieg scheuenden Tieren war es möglich, im Schwarzwald die schwere Land- und Forstwirtschaft zu bewältigen, der Erde das zu entlocken, was sie in mühevoller Arbeit preisgeben kann, um Vorratsräume und Keller zu füllen.

Seite 68 Klein, zäh und leichtfuttrig: Hinterwälder Rinder – glückliche Rinder, perfekt angepasst zum Grasen auch in schwer zugänglichen Hanglagen. Hier beim Luftkurort Gütenbach
oben links Hinterwälderzüchter Helmut Dietsche mit seinen gehörnten Schützlingen im oberen Münstertal
oben rechts Vorderwälderzüchterfamilie im Elztal

Mit seinen vier Beinen steht es fest und sicher auf der Erde: Das Hinterwälder Rind misst 120 Zentimeter Schulterhöhe und besitzt einen feinen, grazilen Knochenbau. Dies ermöglicht die gute und geländegängige Beweglichkeit der Tiere. Sie eignen sich vor allem für die Milch- und Mutterkuhhaltung bei erschwerten Bedingungen und schwer zugänglichen Hanglagen, die die Landwirte in den steilen Höhenlagen des Schwarzwalds zu bearbeiten haben. Die Hinterwälder Rinder sind genügsam und mit den kargen, aber an Wildkräutern reichen Borstgrasrasen auf den Granit- oder Gneisverwitterungsböden zufrieden. Wo sie grasen, dort findet man auch die Naturschönheiten der Weidbuchen. Erstmals wurden die Hinterwälder im Jahr 1829 erwähnt. Vor allem die Ochsen setzte man wegen ihrer Gutmütigkeit, ihrer Zähigkeit und Ausdauer und nicht zuletzt wegen ihrer harten Klauen gern als Arbeitstiere ein. Die Hinterwälder Rinder werden auch einmal als die »Araber der Rinderrassen« bezeichnet. Das Hinterwälder Rind stammt vermutlich aus einer Kreuzung des Keltenrinds mit einer von den Alemannen mitgeführten Rasse ab. Man erkennt es an seinem gelben bis hin zu rot gefärbten Fell, das einfarbig gedeckt, gefleckt oder gemustert sein kann und mit diesen bunten Farben vor allem auf den Weiden des südlichen Schwarzwalds unser Auge erfreut.
Ein Hinterwälder Rind frisst pro Tag über 50 Kilogramm Gras und säuft bis zu 100 Liter Wasser, es benötigt extensiv und naturschonend gepflegte Weideflächen. Dank des Grasens kann so jährlich ein Hektar Extensivgrünland vor der Verbuschung bewahrt und damit ein wichtiger Beitrag zur Offenhaltung der Landschaft geleistet werden. Die Hinterwälder Rinder stellen das typische Bild in der Landschaft des Schwarzwaldes dar.
Im Gegensatz dazu ist das Vorderwälder Rind etwas größer und schwerer, hat ansonsten aber ähnliche Vorzüge wie das Hinterwälder Rind. Man trifft die Vorderwälder vermehrt auf den Wiesen des Mittleren Schwarzwalds oder den Hochflächen des Nördlichen Schwarzwalds an. Vor allem im Kinzigtal und Elztal hört man die Kuhglocken der Vorderwälder Rinder weithin bimmeln. Inzwischen fühlen sich auch schottische Hochlandrinder oder Galloways wohl im Schwarzwald. Im Weidepark im Golddorf Gersbach erfährt man entlang des Schwarzwälder Rinderlehrpfads alles über die nütz-

links Meckern bei Hinterzarten
rechts oben Typische Schwarzwaldbildszenerie im Kinzigtal: Hügel, Wald, Bauernhöfe
rechts unten Pferdefest in Sankt Märgen. Der Schwarzwaldfuchs ist ein beliebtes Freizeitpferd

lichen Paarhufer und ihre Haltung. Auf zwölf Thementafeln, die rund um eine 30 Hektar große Viehweide aufgestellt wurden, erhält der Besucher alle erdenklichen Informationen zu den vielfältigen Rassen. Und nicht nur hier grasen friedlich neben den bekannten einheimischen Nutztieren auch etwas exotisch anmutendere Tierarten: aus Tibet stammende Yaks, südamerikanische Lamas oder eine Gruppe Wisente, die ihren Teil zur Offenhaltung der Landschaft beitragen.

Auf andere Exoten trifft man in Rotfelden. Man glaubt es kaum, aber inzwischen gibt es sogar Kamele im Schwarzwald. Der Landwirt Wilhelm Breitling eröffnete vor Jahren in Rotfelden den ersten *Kamelhof* mit insgesamt 70 Kamelen. Für Schulklassen und Betriebsausflüge bietet er nun verschiedene Spiel- und Reitmöglichkeiten mit und auf den Höckertieren an – und ein besonderes Erlebnis ist das Oasenfest, bei dem nicht nur die Milch der Kamelstuten als Heilmittel angeboten wird.

DUNKLER KÖRPER, HELLE MÄHNE: EDLE SCHWARZWÄLDER FÜCHSE

Der Schwarzwald hat seine eigene Pferderasse! Ganz heimisch fühlen sie sich hier, die Füchse oder Dunkelfüchse mit ihrem hellen Langhaar. Das typische Pferd des Schwarzwaldes in seiner erdbraunen Farbe ist 148 bis 160 Zentimeter hoch, hat einen kurzen, aber ausdrucksvollen Kopf, einen kräftigen Hals und einen wunderschönen, raumgreifenden Gang. Das Schwarzwälder Kaltblut, auch Wälderpferd oder Sankt Märgener Fuchs genannt, ist eine Rasse, die früher wegen ihrer Genügsamkeit und Gutmütigkeit als sogenanntes Rückepferd für die schwere Waldarbeit und bei langen Strecken in die Stadt oder zur Mühle als Fuhrwerk- oder Kutschpferd eingesetzt werden konnte. Heute erfreuen sich die schönen Schwarzwälder Füchse zunehmender Beliebtheit und werden mehr und mehr als Freizeitpferd geschätzt. Als Zuchtgebiet gilt der südliche Schwarzwald; hier wurde bereits 1896 in Sankt Märgen die Schwarzwälder Pferdezuchtgenossenschaft gegründet. Alljährlich finden hier die *Rosstage* des Schwarzwälder Fuchses statt, ebenso das öffentliche Brennen der Jungtiere.

Reiten liegt im Trend, und nicht nur auf den ruhigen Schwarzwälder Füchsen kann man die Landschaft des Schwarzwaldes trefflich erkunden. Mit dem Wanderreiten ist eine neue Möglichkeit eröffnet worden, die die Herzen der Reiterfreunde höher schlagen lässt. Inzwischen können unterschiedliche Touren zu den eindrucksvollsten Orten und über Strecken mit viel Aussicht auf dem Rücken der Pferde erlebt werden – in angepassten Abständen bieten pferdefreundliche Gasthäuser für Pferd und Reiter eine passende Unterkunft.

GROSSE HUNDE AUS DER ÄLTESTEN STADT BADEN-WÜRTTEMBERGS

Um den Ruf des ehemaligen Metzgers- und Wirtshunds mit seinem kurzen schwarzen Fell und den rotbraunen Abzeichen ist es heute leider nicht mehr ganz so gut bestellt. Im Mittelalter waren es die Schäfer und Metzger, denen die klugen, ruhigen und ausdauernden Hunde gehörten und mit denen sie die Rinder- und Schafherden aus der ältesten Stadt Baden-Württembergs hinaustrieben. Rottweil war einst Viehhandelszentrum, und von dort wanderten die Metzger mit den Hunden und ihrem Schlachtvieh in alle Richtungen, vor allem in den Breisgau, das Elsass und ins Neckartal.

Im Schwarzwald gibt's Füchse mit Mähnen und Hufen: Der Schwarzwälder Fuchs ist die leichteste Kaltblut-Pferderasse. Hier auf Futtersuche am Thurner

Dabei waren diese Hunde keine Schäferhunde im herkömmlichen Sinne, sondern sollten die Herde vor Viehräubern schützen. Weil sie aus Rottweil kamen, erhielten die robusten *Rottweiler*, die aus der mehr oder weniger gelenkten Züchtung verschiedener bäuerlicher Hofhunderassen entstanden sind, ihren Namen zuerst außerhalb der Stadt. Durch heutige züchterische Maßnahmen und sorgfältige Auswahl der zukünftigen Besitzer steuert man aber wirkungsvoll dem entstandenen Kampfhund-Image entgegen und weist dem Rottweiler eine Rolle als schützender Familienhund zu.

MILCH VON DER SCHWARZWÄLDER MILCHSTRASSE UND KÄSE VON DER KÄSEROUTE

Milch und Käse wurden früher auf den Schwarzwaldhöfen ausschließlich zum Eigenverbrauch hergestellt. Die EU-Quotenregelungen und die kaum die Herstellungskosten deckenden Auszahlungspreise der Molkereien haben einige Landwirte zum Entschluss gebracht, ihre Milch und vor allem die zu Käse verarbeitete Milch direkt zu vermarkten. Bereits seit dem Mittelalter gibt es im

links Baum mit Hof dahinter. Bei Schollach im Hochschwarzwald
oben Reiche Ernte einfahren im Markgräflerland …

Schwarzwald die Tradition der Käseherstellung sowohl aus der Kuh- wie aus der Ziegenmilch. Dieser Trend wird nun wieder aufgegriffen und zu neuem Leben erweckt. Inzwischen gibt es sogar eine Käseroute, zu der sich insgesamt 18 Landwirte zusammengeschlossen haben mit dem Ziel, ihren Qualitätskäse bekannter zu machen. Durch die Beweidung von Kühen, Schafen und Ziegen und das mühevolle Mähen der Bergwiesen wird ein wichtiger Beitrag zum Erhalt traditioneller Wirtschaftsweiden und artenreicher Mähwiesen und damit auch zur touristisch wichtigen Offenhaltung der Landschaft geleistet. Gerade das würzige und immer silagefreie Grünfutter und das Heu der steilen Weiden bilden die Grundlage für eine wohlschmeckende Milch.

Nun braucht es noch handwerkliches Können, um die vielfältigen Käsesorten herzustellen, sei es der traditionelle *Bibiliskäs* und weitere köstliche Käsesorten wie Weich-, Schnitt- und Frischkäse, sei es der mit oder ohne Wildkräuter lang gereifte Bergkäse – Delikatessen, die direkt auf den Höfen sowie den Wochenmärkten verkauft und in den Gasthäusern serviert werden. Für Gourmets ist der Schwarzwälder Käse mehr als eine lukullische Ergänzung zu den heimischen Wurst- und Räucherwaren.

Selbstgemachter Joghurt, Quark, Sahne und Butter komplettieren die Palette der Milchprodukte. Fruchtige Marmeladen und goldener Bienenhonig sorgen für die Süße. Auch frische Eier der über Hof und Acker gackernden Hühner (das gibt es wirklich noch), das heimische Obst der Streuobstwiesen sowie das gesunde Gemüse aus der dunklen Erde sind schmackhaft und unverfälscht. Fische aus den klaren Seen und Bächen, Pilze, Wildgerichte … Und eine original gebackene Schwarzwäl-

links Einladung am Titisee
oben Einladung in Wolfach
rechte Seite Auf dem Ospelehof in Hinterzarten: Frau Braun bietet Käse aus der Hofkäserei an. Im Schwarzwald wird nicht nur Bier und Wein getrunken

der Kirschtorte ist trotz und wegen der Sahneberge nicht nur eine Augenweide, sondern vor allem eine köstlich-süße Gaumenfreude. Beim direkten Einkauf auf dem Bauernhof und auf den Wochenmärkten kann man zudem einen entscheidenden Beitrag zum Erhalt der charakteristischen Kulturlandschaft leisten. Fazit: Der Schwarzwald ist mit ausgezeichneten Genussfreuden herausragend. Das liegt nicht zuletzt an den unverfälschten Lebensmitteln, die Verwendung finden. Produkte, die mit dem Markenzeichen *Echt Schwarzwald* ausgezeichnet sind, werden nach anspruchsvollen Richtlinien und strengen Kontrollen erzeugt, weisen alle eine besondere Produktqualität auf, sind gentechnikfrei und zeichnen sich durch ein kulinarisches Niveau erster Güte aus. Die Vermarktung erfolgt zudem umweltfreundlich – ohne große Anfahrtswege und über regionale Wirtschaftskreisläufe.

SCHWARZWALD VOLLER GAUMENFREUDEN

In kaum einer anderen Region genießt man die Früchte der Erde in so raffinierter Art und Weise wie im Schwarzwald. Über keiner Region in Deutschland funkeln so viele Gourmetsterne, in keiner Region gibt es so viele mit Preisen ausgezeichnete Köche und Köchinnen wie im Schwarzwald. Weltweit werden kaum einem anderen Gebiet wie dem Schwarzwald so viele nationale und internationale Weinpreise verliehen oder so viele Medaillen für seine Edelbrände vergeben. Hier vereint sich die heimische mit der elsässischen, schweizerischen und österreichischen Küche zu einer verlässlichen

und eigenständig badischen Kochkunst mit köstlichen Gaumenfreuden. Eine heimische, ehrliche Kultur des Essens steht im Schwarzwald im Vordergrund. In den zahlreichen traditionellen Gasthäusern errichtet man ein Bollwerk gegen die grassierende Convenience-Aufwärmkocherei; alles was saisonabhängig auf den Tisch kommt, wird hier frisch zubereitet.

In früheren Zeiten galt im Schwarzwald, dass »fünfmal am Tag gegessen wird, dreimal warm und zweimal kalt.« Als eine der Zwischenmahlzeiten ist das (im Schwarzwald sagt man nicht *die*) sogenannte Vesper am späten Nachmittag bekannt und erhalten geblieben.

Am besten mundet das Schwarzwälder Vesper nach einer erlebnisreichen Wanderung. Zum Vesper gehört ein Vesperbrett (auf einem Teller wird es nie serviert), ein scharfes Messer ohne Sägeschliff, ein Stück original Schwarzwälder Schinken, ein Stück herzhaft geräucherter Speck, eine Scheibe Schwarz- und eine Scheibe Leberwurst, etwas Lyoner, Senf (den Vesperpuristen allerdings als geschmacksbeeinflussend ablehnen), eingelegte saure *Gürkle*, Butter aus dem Holzmodel und frisches Holzofenbrot. Erfrischend schmeckt dazu ein echter Apfelmost oder ein Viertele knackig-spritziger Wein, am besten wohl ein Gutedel. Zum Verdauen nach diesem Essen darf es dann auch ein heimisches Schnäpschen sein.

FAUNA UND FLORA – VON AUERHAHN BIS SONNENTAU

Naturschutzgebiete hat der Schwarzwald flächenmäßig weit mehr als der Durchschnitt des Landes Baden-Württemberg, was zum einen auf den vorhandenen Artenreichtum hinweist, aber auch auf die besondere Schutzwürdigkeit der Landschaft. Schon in den 1930er Jahren wurden die ersten Schutzgebiete festgesetzt, z. B. das bereits im 2. Kapitel beschriebene Gebiet um den Feldberg. Die Naturparke *Schwarzwald Mitte/Nord* und *Südschwarzwald* sind zwei der sieben ab 1972 in Baden-Württemberg ausgewiesenen Naturparke und die beiden größten in Deutschland. Ein besonderes Gebiet stellen auch die Rheinauenwälder dar. Mit der Begradigung des Stromes durch Tulla, den Maßnahmen zur Verbesserung der Schifffahrt und dem Bau des Rheinseitenkanals im Elsass gingen tiefgreifende Veränderungen der Oberrheinlandschaft einher. Die ehemaligen Wasserarme des Rheins waren zu Altrhein- oder Restrheinarmen geschrumpft und hatten ihre *frucht*baren Auswirkungen bei den regelmäßigen Überschwemmungen verloren. Allerdings auch ihre *furcht*baren Konsequenzen, die sie mit den Hochwassern nach der Schneeschmelze in den Alpen über die Landschaft brachten und ganze Dörfer mitrissen. Im Gebiet um Karlsruhe und vor allem im Taubergießengebiet hat man die Rheinauen erhalten oder soweit wieder renaturiert, um sie in einen ursprünglichen Zustand zurückzuversetzen. Bei einer Fahrt mit einem Fischer in einem traditionellen Stocherkahn erleben Sie diese Wildnis ganz hautnah.

links Im Stocherkahn durch das sumpfige Landschaftsschutzgebiet Taubergießen. Hier zeigt sich die Vegetation noch so, wie sie vor der Rheinregulierung (ab 1817) aussah
oben Landwirtschaft auf 1.030 Meter Höhe – der Schänzlehof am Rohrhardsberg ist einer der höchstgelegenen Bauernbetriebe in Baden-Württemberg

SCHÜTZEN DURCH NÜTZEN

Besonders im Rahmen der europäischen Richtlinien zu den Fauna-, Flora- Habitatgebieten (FFH) und der europaweit schützenswerten Natura-2000-Gebiete hat der Schwarzwald eine hervorragende Bedeutung im Bereich des Naturschutzes erlangt. Alle Liebhaber einer mobilen Freizeitaktivität vom Wanderer bis zum Radfahrer und Mountainbiker werden ohne erhobenen Zeigefinger ermuntert, sich in der Natur umweltfreundlich zu bewegen und dabei aber auch den Rhythmus der Natur zu achten. Vor allem in den beiden Naturparken Schwarzwald Mitte/Nord und Südschwarzwald wird der Besucher darauf hingewiesen, sich rücksichtsvoll zu verhalten, keine Spuren zu hinterlassen und ausgewiesene Wege und Pfade nicht zu verlassen. Unter dem Motto *Schützen durch Nützen* soll die bestehende besondere Fauna und Flora auch den Nachkommen erhalten werden.
Der Hirsch gilt mit seinem ausladenden Geweih als eines der Tiere, dem außerordentliche Aufmerksamkeit geschenkt wird. Das hat nicht nur damit zu tun, dass dem heiligen Hubertus – Schutzpatron der Jäger – ein Hirsch mit einem Kreuz im Geweih erschienen ist. Der Hirsch ist ein Indikator für großflächige Waldgebiete. In den waldreichen Hochlagen des Schwarzwaldes ertönt während der Brunftzeit im September sein röhrender Brunftruf in den Morgen- und Abendstunden; trotz seiner stattlichen Größe sieht man den Hirsch jedoch äußerst selten, die zusammenhängenden Wälder geben ihm ausreichend Gelegenheit des Rückzugs. Einen Hirsch sieht man aber immer – er ist als kupfernes Exemplar in Lebensgröße seit 1907 im Höllental aufgestellt und weist auf eine Sage

Hochschwarzwald bei Bernau: Knabenkraut

hin, die seinen rettenden Sprung vor den verfolgenden Jägern über das wilde Höllental zum Inhalt hat. »Der Hirsch hat die Intensivstation verlassen«, hieß es im Herbst 2010, als das renovierte Tier wieder hoch oben auf den *Hirschsprung* gebracht wurde. Felssicherungsmaßnahmen im Bereich des Hohfelsens nahe der Ravennaschlucht hatten das Augenmerk auch auf den Hirsch gerichtet. Seit einiger Zeit drücken sich nicht nur die Kinder die Nase an den Scheiben der Höllentalbahn platt, um ihn rechtzeitig wieder zwischen zwei Tunnels zu erblicken.

MISCHWALD – IDEAL AUCH FÜR RAR GEWORDENE SPEZIES

In der Dämmerung treten die ersten Rehe aus dem Schutz des Waldes und nachtaktive Tiere wie der Fuchs, Dachs und Marder gehen auf Beutezug, und vereinzelt wurden auch schon Waschbären im Schwarzwald gesichtet. Sehr zum Ärger der Landwirte, die Mais anbauen, lassen es sich ganze Rotten des Schwarzwildes dort gut gehen und richten erhebliche Schäden an. Scheu schleicht die Wildkatze durch die Flur, sie scheint wieder heimisch geworden zu sein wie auch der Biber, dessen Staubauten allerdings zu Überschwemmungen in landwirtschaftlich genutzten Flächen führen können. Ja – trotz menschlicher Eingriffe gibt es sie noch, die weiten Waldgebiete, die dunklen Mischwälder mit ihren charakteristischen Weißtannen. Ein idealer Lebensraum für eine Vielzahl von bekannten Tieren, aber auch von rar gewordenen Tieren wie Kolkrabe, Dreizehenspecht, Sperlingskauz, Auerhuhn ...

Auerwild – Europas größte Hühnervögel – sieht man selten in den lichten Wäldern, die es wegen seines großen Körpers zum Auffliegen und Landen benötigt. In Deutschland steht es bereits auf der Roten Liste, da es vom Aussterben bedroht ist. Umso erfreulicher ist es, dass es im Schwarzwald wohl noch an die 600 Exemplare gibt und der Schwarzwald damit die größte Auerwildpopulation Zentraleuropas außerhalb des Alpenraums beheimatet. Richtig wohl fühlen sich die scheuen Tiere in den lichten Nadelholzbeständen aus Fichten, Kiefern und Tannen, umgeben von Heidelbeerbüschen, die ihnen eine optimale Deckung vor Fressfeinden und Schutz vor Wind bieten. Zudem leben viele Insekten auf den Zweigen und Blättern der Sträucher, die der Küken erste Nahrung sind. Die Blätter, Blüten und blauen Früchte werden mit Vorliebe von den erwachsenen Auerhühnern gefressen. Vielleicht findet man auf einer Wanderung einmal eine *Huderpfanne*, das sind die staubigen »Badewannen« der Auerhühner, in denen sie sich von Fett und Parasiten reinigen.
Seit Anfang der 1990er Jahre kann die seltene Spur des Luchses wieder im Schwarzwald entdeckt werden. Möglicherweise ist der Luchs von den Vogesen, den Alpen oder dem Schweizer Jura eingewandert. Das Pinselohr findet hier in den Wäldern und dank des Wildbestandes einen geeigneten Lebensraum. Seine Beute reicht von der kleinen Maus bis zum Hirschkalb, an das es sich heranpirscht. Nicht von allen wird die große Katze gern gesehen. So mancher Jäger bangt um seinen Jagdbestand und Landwirte um ihre Jungtiere. Für den Menschen ist der Luchs allerdings völlig ungefährlich.

EMPFINDLICHE BIOTOPE

Auch die Fauna hat im Schwarzwald Besonderheiten aufzuweisen. Neben den Wäldern und offenen Flächen, Wiesen und Weiden, Mooren und Moorwäldern gibt es zahlreiche Feucht- und Nasswiesen. Viele dieser Lebensräume benötigen zu ihrem Erhalt gesetzlichen Schutz durch die Ausweisung zum Naturschutzgebiet. Die Grindenlandschaft zwischen Hornisgrinde und Kniebis, das Moor von Kaltenbronn oder Tiefenhäusern – von Nord nach Süd finden sich Hoch- und Niedermoore mit ihrer außergewöhnlichen Flora. Der fleischfressende Sonnentau und das Wollgras sowie die Moorkiefern zeigen diese besonderen Flächen an. Es sind äußerst empfindliche Biotope, die auch von den Besuchern Einschränkungen fordern. Auf sicheren Bohlenwegen durch ausgedehnte Moorflächen zu gehen und mit Informationstafeln auf Besonderheiten aufmerksam gemacht zu werden, ist eine wertvolle Bereicherung jedes Naturfreundes. Auf den Höhenzügen wie z. B. am Feldberg bevölkern noch eiszeitliche Relikte die Pflanzenwelt und verbinden hochmontane Pflanzenarten

links und oben Hier wird der Neckar geboren – im Naturschutzgebiet Schwenninger Moos
unten Fernsicht vom 963 Meter hohen Roßbühl

der oberen Bergstufe, die nur noch in den Alpen vorkommen, mit einer seltenen subalpinen Artenvielfalt.

Wandert man durch den Schwarzwald, so fallen einige Natur-Eigenheiten auf, die für dieses Gebiet typisch sind. Etwa Felsen und Blockhalden als Relikte der letzten Eiszeit. Kahl, unwirtlich und lebensfeindlich wirken die Felsen, zu deren Füßen Steinblöcke übereinanderliegen. Drumherum dichte Schwarzwaldnatur. Die Blockhalden bestehen aus Gneis, Granit und Porphyr.

Windbuche auf dem Schauinsland nahe Freiburg: Dank zum Teil bizarren Wuchsformen trotzen diese Rotbuchen den Stürmen

Auf den Felsen herrschen extreme Bedingungen, denn am Tage können an der Oberfläche bis zu 50 Grad gemessen werden, in der Nacht kühlt es stark ab. Trotzdem findet auch hier eine Tier- und Pflanzenwelt ihren Lebensraum.

PHÄNOMEN KUHBUSCH

Ein weiteres Naturdenkmal stellen die Weidbuchen dar. Weidbuchen sind eigentlich ganz normale Rotbuchen. Es sind riesige, knochige Bäume, die auf Weidfeldern stehen, oft windschief, die Äste wild verwachsen. Weidbuchen sind Zeugen längst vergangener Zeit und individuelle Schönheiten. Dabei trägt jede Weidbuche eine bewegte Lebensgeschichte, die eines Überlebenskampfes gegen die Unbilden der Natur, vor allem die rauen Winde, in sich. Wo sie wachsen, grasen die Rinder und fressen die Blätter und Triebe der jungen Bäume und Sträucher. Auch die jungen Buchenpflanzen werden durch Verbiss, durch Tritt, Wind und Schnee in ihrem Wachstum beeinträchtigt. Jedes Jahr treiben diese als *Kuhbusch* bezeichneten Buchen neu aus, jedes Jahr verzweigen sie sich weiter, auch in die Höhe, aber vor allem in die Breite. Dadurch, dass die Rinder immer wieder die oberen Triebe abfressen, wachsen die Kuhbüsche nur sehr langsam und können bei einer Höhe von nur einem Meter schon stolze 30 bis 50 Jahre alt sein. Doch irgendwann ist die Buche so breit gewachsen, dass auch ein hungriges Rind nicht mehr an ihr Zentrum gelangt und sie so eine Mitte ausbilden kann. Auf Rin-

Idylle bei Breitnau
rechts Bauerngarten im Elztal

derkopfhöhe sieht man dann eine sogenannte *Fraßkehle*. So wachsen aus der Mitte heraus gleich mehrere Triebe, der Baum entwickelt sich, aber sein Stamm besteht aus miteinander verwachsenen Trieben. Rund sieben Meter Stammumfang hat die Weidbuche in Utzenfeld.

NATUR IST KLASSE

Um die Natur schützen zu können, sind auch immer Finanzmittel notwendig, die vor allem über europäische Förderprogramme von Umweltprojekten in die Region fließen. Dazu gehören die LIFE-Programme, deren sprechender Name die sinnige Abkürzung des französischen Begriffs *l'instrument financier pour l'environnement* ist. Da ist etwa das Fördergebiet Hotzenwald: Der etwas abgelegene Hotzenwald gehört noch immer zu den kaum entdeckten Schönheiten des Schwarzwaldes. Auf einem kleinen Gebiet finden sich besondere Naturräume, die es in ihrer biologischen Vielfalt als europäisches Naturerbe zu bewahren gilt. Fünf Jahre lang wurden Maßnahmen zur Entwicklung und Erhaltung artenreicher Borstgrasrasen umgesetzt. Die Hoch-, Übergangs- und Flachmoore wurden im Bereich Oberer Hotzenwald wieder renaturiert, indem Fichten gefällt und Holzsperren errichtet wurden, die das Abfließen des Wassers aus dem Moor verhindern sollen. Statt Fichtenkulturen wurden Auenwälder mit Erlen und Eschen an verschiedenen Bächen gepflanzt, damit bachbewohnende Fische und die Groppe wieder bessere Lebensmöglichkeiten vorfinden. Durch Auslichtungen sind Waldlebensräume geschaffen worden, um anspruchvollen Vogelarten bessere Lebensbedingungen zu bieten. Selbst Schüler konnten während eines Aufenthalts im Landschulheim vier Tage für den Naturschutz unter dem Thema *Natur ist Klasse* im Hotzenwald Hand anlegen. Ausgebildet wurden im Rahmen des Projekts auch Naturführer, die mit viel Wissen und Humor ihren Gästen die Schätze ihrer Heimat näher erläutern. Naturführer wurden auch im LIFE-Projekt Rohrhardsberg ausgebildet. Auch sie führen als Botschafter ihrer Heimat um den 1.152 Meter hohen Rohrhardsberg, der mit seinen dichten Arnikawiesen und Niederwäldern als besonderer Lebensraum für das Haselhuhn gilt. Auch mit LIFE wurde das Projekt *Lebendige Rheinauen bei Karlsruhe* gefördert, denn das Gebiet beherbergt bis zu 400 Tag- und Nachtfalter und 900 verschiedene Käferarten.
Zahlreiche Wildgehege und Wildparke wie in Calw, Schramberg-Waldmössingen, Vogelparke wie in Steinen oder Herbolzheim, Haustierzoos, das städtische Gehege am Mundenhof in Freiburg oder der Karlsruher Zoo zeigen nicht nur heimische Tiere aus nächster Nähe. Attraktive Freizeitangebote und einen Tierpark verbinden der Steinwasenpark bei Oberried und der Schwarzwaldpark in Löffingen.

Sollte man sich über das in der Natur Gesehene hinaus informieren wollen, gibt es zahlreiche naturkundliche Museen in den Ortschaften und Städten des Schwarzwaldes, die mit viel Liebe kundige Auskunft geben.

BAUERNGÄRTEN – GESTALTETE NATUR

Als lebendiges Kulturgut gelten die Bauerngärten, die vor den Bauernhöfen des Schwarzwaldes zu sehen sind. Wunderschön mit ihrer klassischen Form der zweckmäßig angelegten Gemüse- und Kräuterbeete und umrahmt von Rosen und Sonnenblumen sind sie Augenoasen. Früher war der Bauerngarten dazu da, die Bauernfamilien mit Obst und Gemüse, eigenen Kräutern und Heilpflanzen zu versorgen. Im Laufe der Jahrhunderte entwickelte sich daraus eine Gartenform, die auch Blumen und Hecken zulässt.
Typisch ist die Form eines Bauerngartens: Er ist immer im Rechteck angelegt, das durch ein Wegkreuz in vier gleich große Flächen aufgeteilt ist. In seinem Zentrum liegt ein Rondell mit einer Hochstammpflanze oder einer Wasserstelle. Oft sind die Beet-Rechtecke mit Buchsbaum eingefasst. So gedeihen gelbe Rüben mit roten Zwiebeln und Schwarzwurzeln in einem Beet, im anderen wachsen Sellerie, Lauch, Zwiebeln, Kartoffeln, Salat, Tomaten, Gurken, Bohnen, Beerensträucher und Kräuter ... – im Sommer erstrahlen dann Malvenblüten, Kornblumen, Phlox und Margeriten, Rittersporn, Akeleien, Gladiolen, Dahlien und üppig blühende Rosen. Die Ursprünge der Bauerngärten sind mit den mittelalterlichen Klostergärten verbunden, in denen vor allem Heilkräuter und veredeltes Obst angebaut wurde. Am *Tag des offenen Bauerngartens* können diese Kleinode besichtigt werden.

links Fachwerk und Zinngiebel am Marktplatz von Schiltach. Hier unterhielten wahrscheinlich schon die Römer im 1. Jahrhundert eine Straßenstation
rechts Villingen: Das Riettor war Teil der staufischen Stadtmauer aus dem 13. Jahrhundert

STÄDTE IM SCHWARZWALD – URBANES LEBEN ZWISCHEN TAL UND WALD

Dieses Buch müsste weit über tausend Seiten dick sein, um die zahlreichen sehenswerten Schwarzwaldstädte und -städtchen mit Text und Fotos vorstellen zu können. Und sehenswert sind alle im Schwarzwald – ausnahmslos, nicht nur die 86 »offiziellen« Städte, auch viele der 320 Kommunen. Und vielen der großen wäre ein eigener Bildband zu widmen.

Schon die topografische Lage des Mittelgebirges mit seinen tief eingeschnittenen Tälern, bewaldeten Höhenzügen und seiner insgesamt recht späten Siedlungsgeschichte lässt das Entstehen von Städten im herkömmlichen Sinne fast unmöglich erscheinen. In den Randlagen des Schwarzwaldes, am Hochrhein und am Oberrhein, sowie auf der Baar und am Flusslauf des Neckars finden sich die ersten Dörfer. Die Ansiedlung schritt im 11. und 12. Jahrhundert langsam voran und den Flussläufen entlang auch in die Seitentäler hinein. Jene mutigen Siedler, die sich auf Verlockungen der Klöster hin weiter auf den Wald wagten, formierten sich in Weilern, in Haus- und Hofgruppen, die aber kein zusammenhängendes Dorf im bekannten Sinne darstellten.

Zentral gelegene Orte entwickelten sich unter der Herrschaft der lokalen Adligen sowie der Klöster zu kleinen Städten. Neben ihrer Funktion als Verwaltungs- und Gerichtsort, als Sitz und Standort der Pfarrkirche oder eines Klosters, später der Schule, boten sie in ihren Mauern dem aufkommenden Handel und Handwerk Schutz und Auskommen. Die wichtigste Anforderung an eine Stadt war deren Erreichbarkeit, um vor allem den Händlern eine Möglichkeit zu bieten, ihre Waren auch auf dem Markt verkaufen zu können. Klein waren und blieben sie, weil die engen Täler ihnen keine Ausdehnungsmöglichkeiten boten.

Noch 1900 hatten die meisten Städtchen in der Regel nur um die 2.000 Einwohner. Strategisch gelegene Orte wie Pforzheim, Rottweil oder Baden-Baden lagen schon an einem Straßensystem, das die Römer angelegt hatten, und ermöglichten die verkehrliche Anbindung in Nord-Süd-Richtung an den beiden Flanken des Schwarzwaldes. In Ost-West-Richtung war die Durchquerung erheblich schwieriger – die Erschließung des Höllentals mit einer für Kutschen befahrbaren Straße wurde erst 1770 bei der Brautfahrt Marie-Antoinettes von Wien nach Paris möglich. Die Römer hatten es nur an einer einzigen Stelle geschafft, den Schwarzwald zu überqueren: Die Kinzigtalstraße führte von Offenburg–Wolfach–Schiltach hinauf nach Arae Flaviae (Rottweil). Wie ein Kranz bauten sich die Städtchen um den Schwarzwald herum auf und gewannen im Laufe der Industrialisierung und dank den Eisenbahnlinien eine gewisse Bedeutung.

Sie erlebten, nicht zuletzt durch Kriegseinwirkungen über die Jahrhunderte hinweg, eine andauernde Veränderung, während die im Innern des Schwarzwaldes gelegenen Kleinstädte mit Stadttoren, Marktplätzen, Brunnen und stolzen Rathäusern ihren Charakter bewahren konnten – und seitdem als malerisch beschrieben werden. Sie haben auch einen Menschenschlag hervorgebracht, der nicht als Hinterwäldler verspottet werden kann und sich nicht erst seit der Badischen Revolution (1848/49) für ein liberales Miteinander einsetzte. Die großen Städte Basel und Straßburg strahlten in den Schwarzwald hinein und begünstigten die Städtegründungen der Zähringer in Freiburg und Villingen, die in der Form eines Achsenkreuzes angelegt wurden, wie z. B. auch Bern.

DES MARKGRAFS TRAUM WIRD EINE STADT

Von Norden her gesehen, gelangt man zuerst nach Karlsruhe, der ehemaligen badischen Residenzstadt und von 1806 bis 1919 Sitz der badischen Großherzöge. Zwischen Pfälzer Bergen, Vogesen und Schwarzwaldabhang gelegen, reicht die Stadt mit ihrem großen Hafen bis an den Rhein. Alles begann mit einem Traum. Im Jahre 1715, also relativ spät, ersann der Markgraf Karl Wilhelm im Schlaf den fächerartigen Grundriss der Stadt. Mitten im holzreichen Hardtwald, in dem Karl ruhte, entstand Karlsruhe. 32 Straßenachsen laufen auf das Schloss zu, das heute das Badische Landesmuseum beherbergt. Das Gesicht der Stadt, die im Zweiten Weltkrieg völlig zerstört wurde, prägte der badische Baumeister Friedrich Weinbrenner nachhaltig, der die wieder aufgebauten klassizis-

tischen Bauwerke wie das Rathaus und die Stadtkirche schuf. Zur Erinnerung an den Stadtgründer und über seinem Grab ließ Weinbrenner mitten auf dem Marktplatz eine Pyramide errichten. Der Marktplatz ist heute Verkehrsknotenpunkt eines modellhaften Nahverkehrssystems. Dieter Ludwig ist der Vater des Straßenbahnsystems, das auch auf den Gleisen der Bahn verkehren kann. »Die Leute müssen nicht zur Bahn, die Bahn muss zu ihnen kommen«, lautete das Credo des Verkehrsplaners, das eine äußerst erfolgreiche Umsetzung erfahren hat. Mit diesen Straßenbahnen kann man bis zum Rheinschwimmbad Rappenwört, über den Rhein bis nach Bad Herrenalb hinauf und bis nach Baden-Baden oder Pforzheim fahren.

Ein Gang durch das zeitgenössische Zentrum für Kunst und Medientechnologie (ZKM) bietet sich ebenso an wie ein Besuch im innerstädtischen Zoo, der direkt am Hauptbahnhof liegt. Karlsruhe ist Sitz der beiden höchsten Gerichte Deutschlands: Das Bundesverfassungsgericht und der Bundesgerichtshof wie auch die Generalbundesanwaltschaft haben sich in der Stadt des Rechts niedergelassen.

links Wasserspiele im Botanischen Garten von Karlsruhe
oben Im Karlsruher Schloss (1752–1785) residierten bis 1918 die Großherzöge von Baden – heute ist es das Badische Landesmuseum

VON RÖMERN GEGRÜNDET

Bis 1565 war Pforzheim, das römische *Vicus Portus*, gelegen am Zusammenfluss von Enz und Nagold, die Residenz der Markgrafen von Baden. Markgraf Karl Friedrich erlaubte 1767 einem französischen Unternehmer die Gründung einer Uhren- und Schmuckfabrik und begründete damit den Ruf als »Goldstadt«. Ein Drittel der Bevölkerung arbeitete bis zum Ersten Weltkrieg in der Schmuckindustrie. Das Schmuckmuseum im Reuchlinhaus, das nach dem aus Pforzheim stammenden Humanisten benannt wurde, ladet mit Dauer- und Wechselaustellungen dazu ein, sich an einzigartigen Pretiosen zu erfreuen. Es ist ein weltweit einzigartiges Museum, das den Besuchern die Geschichte des Schmucks vor Augen führt. 2.000 Exponate zeigen Schmuckkunst aus fünf Jahr-

links Blick vom Schloss zur Stadt Baden-Baden, die bereits von den Römern als Badeort genutzt wurde
oben Leopoldsplatz mit dem ehemaligen Erstklasshotel Victoria in Baden-Baden. Der Palast wurde 1853 gebaut, der Hotelbetrieb 1912 nach einem Brand eingestellt
Seite 94 oben Das Schwabentor (1250) und das Münster (1200–1513) dominieren Freiburg, das 1120 die Stadtrechte erhielt
Seite 94 unten links Erker des Historischen Kaufhauses (ab 14. Jahrhundert erbaut) am Münsterplatz in Freiburg
Seite 94 unten rechts Treppenhaus im Erzbischöflichen Palais (1756)
Seite 95 oben Freiburg: Kornhaus aus dem 15. Jahrhundert (wieder aufgebaut 1969–1971) und Hotel Rappen am Münsterplatz
Seite 95 unten links Seit 1311 – also seit 700 Jahren – gibt es hier ununterbrochen Speis und Trank: Der Rote Bären in Freiburg ist das älteste Wirtshaus Deutschlands
Seite 95 Mitte Freiburg: Durch die Fischerau fließt der Gewerbebach
Seite 95 unten rechts Blick vom Münster auf Freiburg

tausenden, von der Antike bis in die Gegenwart hinein. Zudem ist das Reuchlinhaus ein architektonisches Meisterstück, das nach den Plänen des Architekten Manfred Lehmbruck 1961 im *International Style* als eine Hommage an Ludwig Mies van der Rohe erbaut wurde. Die auch wegen ihrer feinmechanischen Industrie bekannte Stadt wurde während des letzten Krieges vollkommen zerstört und litt 1968 unter der Wut eines mit 400 Stundenkilometer rasenden Tornados.

RESTAURANT
HOTEL RAPPEN

DEUTSCHLANDS
BÄREN
ANTIK
EINRICHTUNG

Eine der größten freitragenden und überdachten Holzbrücken in Europa: die 1778 erbaute Murgbrücke in Forbach
rechts Von der Abendsonne beschienen: Fachwerkstädtchen und Luftkurort Altensteig, entstanden im Jahr 750

Ein besonderes Schmuckstück ist Baden-Baden, das bereits die Römer zur Soldaten- und Badestadt ausgebaut hatten. Nach der Burg Hohenbaden nannten sich ab 1112 die Markgrafen von Baden. Die Pracht der Belle Époque verzaubert auch heute noch den Besucher im Friedrichsbad; in der modernen Caracalla-Therme werden alle Kureinrichtungen angeboten. Zahlreiche gekrönte Häupter Europas zog es früher in die Kurstadt, ein mondäner Kurpark wurde angelegt, in dessen Mittelpunkt das Kurhaus steht, in dem die herrlichen Säle der schönsten Spielbank der Welt zu bewundern sind. Ihr Pächter, der Franzose Edouard Bénazet (1801–1867), begründete auch die Galopprennbahn in Iffezheim, heute noch Treffpunkt der mondänen Welt. Im 90 Meter langen Wandelgang der reich bemalten Trinkhalle von Baden-Baden mit ihren korinthischen Säulen kann sich der Gast das heilende Wasser zu Gemüte führen und dann auf der berühmten Lichtentaler Allee wandeln, um zu sehen – oder viel wichtiger: um gesehen zu werden. Nicht weit davon entfernt findet sich das Frieder-Burda-Museum mit seinen Ausstellungen zur modernen Kunst.

MUTTER KINZIG UND HERMANN HESSE

Die Stadt Kehl am Rhein liegt direkt gegenüber der Europastadt Straßburg und ist durch zahlreiche Brücken mit ihr verbunden. Der *Garten der zwei Ufer* lädt zum Bummel ein. Die spektakulärste Brücke ist sicherlich die Passerelle, die der französische Stararchitekt Mimram anlässlich der binationalen Gartenschau (2004) erbaut hat. Weltweit berühmt geworden ist diese Rheinbrücke am Gipfeltreffen der Nato (2009), bei dem der amerikanische Präsident Barack Obama zum ersten Mal in seiner Funktion als US-Präsident in Europa weilte. Neben der Straßenbrücke, der Europabrücke, führt die neue Eisenbahnbrücke über den Rhein, über die seit Ende 2010 die TGV- und ICE-Züge schneller von Deutschland nach Paris fahren. Geplant ist auch eine neue Straßenbahnverbindung,

dann wird sich das Netz der Straßburger Stadtbahn auch bis nach Kehl erstrecken. Auf dem Marktplatz findet sich seit 1905 die Statue der *Mutter Kinzig,* die einst an der ehemaligen Rheinbrücke angebracht war und bei deren Zerstörung im Deutsch-Französischen Krieg von 1870/71 im Rhein unterging.

An der Nagold liegt das Städtchen Calw, an dessen Marktplatz der Literatur-Nobelpreisträger Hermann Hesse geboren wurde. Calw kam durch seine Weber und Tuchhändler und seine Holländer-Holz-Flößer zu Reichtum, was sich später in der Gründung von Textilfirmen und in der Holzverarbeitung niederschlug. In der Nähe liegt die Ruine des Klosters Hirsau. Nicht weit von Calw befindet sich mitten im Schwarzwald die Stadt Freudenstadt. 1599 beauftragte Herzog Friedrich I. von Württemberg seinen Baumeister Heinrich Schickardt, eine neue Residenz auf hälftiger Wegstrecke zwischen seinen Besitztümern zu erbauen. Die Stadt sollte quadratisch angelegt und in der Form eines Mühlebrettspiels durch Straßen mit drei Häuserzeilen verbunden sein. In der Mitte hatte sich der Herzog ein stattliches Schloss vorgestellt, das auf einem großen arkadengesäumten Marktplatz stehen sollte. Der Marktplatz wurde mit den fast quadratischen Maßen von 219 mal 216 Meter angelegt, aber zum Bau des Schlosses kam es nicht mehr. Auf alle Fälle wird er als der größte Marktplatz Deutschlands bezeichnet, der mit seiner über das Eck in Winkelhakenform gebauten evangelischen Stadtkirche eine weitere Attraktion zeigen kann.

Am Ostrand des Schwarzwaldes liegt Villingen-Schwenningen. Die badisch-schwäbische Doppelstadt gibt es erst seit der baden-württembergischen Gemeindereform in den 1970er Jahren. Mit der

Schon 1101 wurde die Große Kreisstadt Horb am Neckar urkundlich erwähnt
links Die Fläche des Neckarstädtchens Weisenbach (1336 erstmals erwähnt) ist zu zwei Drittel mit Wald bedeckt
rechts Kelten gründeten diesen Ort, die Römer bauten hier 75 n. Chr. ein Kastell: Sulz am Neckar. Sulz stammt vom Wort Salz, weil hier über Jahrhunderte Salz gefördert wurde

gemeinsam veranstalteten Landesgartenschau der beiden Teilstädte im Jahre 2010 sind die beiden Orte vielleicht etwas näher aneinander gerückt – aber die badisch-schwäbischen Animositäten schlagen sich nicht nur an der berühmten Fasnet in humorigen Sticheleien nieder. Ihre Entwicklungen sind auch zu unterschiedlich: Das ab 817 urkundlich erwähnte Villingen wurde von den Zähringern mit vier Stadttoren ausgestattet und einer riesigen Mauer umgeben. Das Münster, vor dem ein provokanter Brunnen mit Szenen der Stadtgeschichte steht, verweist auf die katholische

Religionszugehörigkeit. Schwenningen war traditionell evangelische Arbeiterstadt, in der die Uhrenindustrie bis zu ihrem Niedergang in den 1960er Jahren blühte.

GRÜNE STADT IM SCHWARZEN WALD

Nach seiner Zerstörung beim Bombenangriff am 27.11.1944 baute man das in Schutt und Asche gelegte Freiburg nach und nach wieder originalgetreu auf. Die Gleise der Freiburger Straßenbahn blieben an ihrem Platz und ermöglichten gegen erheblichen Widerstand die frühe Einrichtung einer autofreien Innenstadt. Diesem Grundsatz ist Freiburg treu geblieben: Unter dem Markenzeichen der *Green City* wurden mit dem Stadtteil Rieselfeld und dem Modellstadtteil Vauban umweltpolitisch führende Leitlinien umgesetzt. Freiburg ist als Umwelthauptstadt Sitz der Solarfabrik und zahlreicher Forschungseinrichtungen im Umweltbereich. Das Engagement hat auch zur Präsentation der Stadt auf der Weltausstellung in Schanghai geführt. Freiburg erhielt 1120 das Stadtrecht und wurde durch den Silberbergbau und den Handel reich. Im Stadtkern findet man mit dem *Roten Bären* an der Salzstraße, einer alten Handelsstraße, das älteste Gasthaus Deutschlands, dessen Wirte sich bis 1311 ununterbrochen zurückverfolgen lassen. Auf über sieben Kilometer Länge fließt das Wasser der Dreisam in den *Bächle* durch die Stadt und versorgt auch zahlreiche Brunnen mit

Arae Flaviae erhielt bereits im Jahr 186 das römische Stadtrecht und heißt heute Rottweil
rechts Architektur des 3. Jahrtausends, gebaut von den Stararchitekten Herzog & de Meuron: das VitraHaus auf dem Vitra-Campus in Weil am Rhein

dem erfrischenden Nass. Das imposanteste Gebäude ist sicherlich das Münster, mit dessen Bau (in Sandstein) um 1200 begonnen wurde und der sich bis zur Fertigstellung in das Jahr 1513 zog. Beeindruckend sind vor allem der filigrane Münstertum und die von den Handwerkerzünften gestifteten Glasfenster. Das Bauwerk hat die Bombennacht unbeschadet überstanden, was als Wunder von Freiburg in die Geschichte einging. Die am Marktplatz liegenden Gebäude des Kornhauses und des Historischen Kaufhauses mussten wieder aufgebaut werden. Die Stadt erfreut sich seit 1457 einer exzellenten Universität und einer Pädagogischen Hochschule – die insgesamt annähernd 30.000 Studentinnen und Studenten verleihen Freiburg allzeit einen jugendlichen Charme. Sympathieträger ist auch der Fußballverein des SC Freiburg, auf dessen Stadiondach an der Dreisam folgerichtig Sonnenkollektoren angebracht sind.
Am südlichsten Zipfel des Schwarzwaldes liegen die vier Waldstädte Waldshut, Laufenburg, Bad Säckingen und Rheinfelden, die zusammen mit Lörrach zu beliebten Einkaufsstädten der Schweizer und Elsässer Nachbarn geworden sind. Besonders auch Weil am Rhein, die »Stadt der Stühle«. Gelungene moderne Architektur zieht auch immer Menschen an. Ein besonderes Beispiel ist das futuristisch-funktionale Vitra Design Museum von Stararchitekt Frank Gehry in Weil am Rhein. Im Museum werden wechselnde thematische Ausstellungen, Retrospektiven und Workshops aus dem Bereich der Architektur und des Designs gezeigt. Schwerpunkt der hauseigenen Sammlung ist die Möbel- und Innenraumgestaltung. Heute können über 1.200 historische und moderne Stühle und eine Mobiliarsammlung nahezu aller bekannten Industriedesigner angesehen werden. Auf dem Vitra-Campus in direkter Nachbarschaft zum Vitra Design Museum wurde 2010 das spektakuläre VitraHaus eröffnet, das vom Basler Architekturbüro Herzog & de Meuron gestaltet wurde. Auf dem Vitra-Campus stehen noch weitere zeitgenössische Gebäude von außergewöhnlichen Architekten und markieren die weitreichende Spanne der Baukunst im Schwarzwald.

DEUTSCHE FACHWERKSTRASSE – VERBUNDEN MIT 100 FACHWERKSTÄDTEN

In den Dörfern herrschte einfache Holzbauweise der Häuser vor. In den Städten hingegen wurde eine Konstruktion aus Holzbalken als tragendes Gerüst errichtet und die Zwischenräume mit einer Holz-Lehm-Mischung ausgefüllt. Das Fachwerksystem war seit dem hohen Mittelalter bis ins 19. Jahrhundert die am weitesten verbreitete Bauweise für Hochbauten nördlich der Alpen, also auch in Deutschland. Vom badischen Mosbach mit dem kleinsten Fachwerkhaus Deutschlands führt eine der sieben Teilstrecken der *Deutschen Fachwerkstraße* vom Neckar zum Schwarzwald nach Calw, Altensteig, Dornstetten sowie nach Schiltach und Haslach im Kinzigtal. Die Deutsche Fachwerkstraße wurde im Jahr 1990 ins Leben gerufen und verbindet als Ferienstraße von der Elbemündung im Norden bis zum Bodensee im Süden fast 100 Fachwerkstädte. Auf ihr kann man die regional unterschiedlichen Fachwerkbauten bewundern.

Zeitgenössische Architektur, das Bauen im ländlichen Raum, wird auch im Schwarzwald immer mehr zu einem bestimmenden Thema. Wie sieht die Zukunft einer schwarzwaldtypischen Architektur aus? Die Frage wird wohl vielfach mit dem Modell der typischen Schwarzwaldhöfe beantwortet und mit der wieder entdeckten Verwendung des immer modernen Baustoffs Holz. Ein Architekturwettbewerb mit dem Thema *Neues Bauen im Schwarzwald* wurde ausgelobt. Die Vorgabe der Jury lautete, dass zeitgemäße Bauprojekte prämiert werden sollten, die sich an der Material- und Formensprache im Schwarzwald orientieren. Ausgezeichnet wurden so unterschiedliche Objekte wie der Eichbergturm bei Emmendingen, das Bushaltestellenhäuschen an der Bruderhalde in Hinterzarten und die Heizzentrale des Kollegs Sankt Blasien, die Umwandlung einer Mühle mit Ferienhaus in Sankt Georgen und das Radon-Revitalbad in Sankt Blasien-Menzenschwand.

links Eine bewegte Geschichte hat das Kloster Hirsau hinter sich: 830 gegründet, Blütezeit, Bedeutungslosigkeit, Neubau, von der Reformation als Kloster aufgehoben, von den Franzosen 1692 verwüstet. Die Marienkapelle (hier im Bild), erbaut 1516, blieb erhalten
oben Die Klosterkirche von Alpirsbach wurde um 1130 als Säulenbasilika romanischen Stils gebaut

KLÖSTER, SCHLÖSSER, BURGEN – VON WEHRHAFTER BAUKUNST UND MODERNER ARCHITEKTUR

Wie in anderen Orten und Gebieten im mittelalterlichen Europa waren es auch im Schwarzwald die Mönche, die die Besiedlung der Landschaft vorantrieben. Nicht nur die Verbreitung des Christentums, sondern auch wirtschaftliche und kulturelle Gründe führten zu den Klostergründungen. Auf dem Gebiet der heutigen zwölf Land- und vier Stadtkreise im Schwarzwald gab es bis zur Säkularisation 1802/03 rund 220 Klöster, Abteien, Hospize, Propsteien, Stifte, Ritterordenshäuser (www.kloester-bw.de).

Zwar im Schwarzwald beheimatet, doch weit über dieses Gebiet hinaus wirkten die Benediktinermönche des Klosters Hirsau. Seine Blütezeit lag sowohl in geistlicher wie auch in wirtschaftlicher Hinsicht im 11. Jahrhundert. Zum Besitz des Klosters gehörten 350 Orte und 5.000 Hektar Land.

Im Kloster Hirsau entwickelte sich der deutsche Kern der *cluniazensischen Reform*, die Spiritualität gegen Verweltlichung setzte und Freiheit von der Kirche einforderte. Die Klosterregeln des burgundischen Klosters Cluny lagen im Gebot zu Einfachheit, Verinnerlichung und strenger Askese. Das hieß für die Benediktinermönche, Zucht, Ordnung, Gebet und das Schweigegebot zu erfüllen. Nur im Kreuzgang war es ihnen für kurze Zeit am Tag erlaubt, miteinander zu sprechen, ansonsten hatte die Zeichensprache zu reichen. In Kirche, Küche, Schlaf- und Speisesaal herrschte immerwährende Stille. Im Jahr 1692 wurde das Kloster Hirsau von den Franzosen zerstört. Die Anlage wurde zum Steinbruch, auf dem eine Ulme wachsen konnte, der Ludwig Uhland einige Verse widmete. Leider fiel die Ulme dem Ulmensplitterkäfer zum Opfer und musste 1989 gefällt werden. In der schönen Klosteranlage sind die Grundmauern des Konvents und der Kirche Sankt Peter und Paul, der Eulenturm der Kirche, die spätgotische Marienkapelle, Überreste des Kreuzganges sowie des herzoglichen Jagdschlosses erhalten.
Benediktiner bauten auch in Alpirsbach im Kinzigtal ein Kloster, dessen Grundriss und Bau deutliche Parallelen zu Hirsau zeigen. Auch diese Mönche lebten nach den Reformregeln. Das spiegelt sich in der klar gestalteten und von allen Ausschmückungen freien Klosterkirche wider. Das

Seiten 104/105 Das Kloster Sankt Trudpert wurde vom irischen Mönch Trudpert (gestorben 643) im Münstertal gegründet, im Dreißigjährigen Krieg durch die Schweden zerstört und ab 1709 wieder aufgebaut

links und oben Wir sind nicht in Rom, sondern in Sankt Blasien – obwohl die Kuppelkirche des Klosters römische Dimensionen hat: Es ist die drittgrößte Kirchenkuppel Europas. Klostergründung im 9. Jahrhundert, Neubau nach dem Brand von 1768

unten Bibliothek des ehemaligen Klosters in Sankt Peter. Erste Klosterbauten 1093, Neuaufbau nach Bränden im 18. Jahrhundert, Auflösung 1806

Aus Bundsandstein gebaut ist die romanische Kirche des 1082 gegründeten Benediktinerklosters in Klosterreichenbach

rechts Steinerne Relikte des Klosters Allerheiligen (auf dem Gebiet von Oppenau): Klostergründung Ende des 12. Jahrhunderts, Aufhebung 1893 und Zerstörung der Kirche durch Blitzschlag im gleichen Jahr

Klostergebäude und der Kreuzgang können im Rahmen einer Führung besichtigt werden und die sommerlichen Kreuzgangkonzerte erfreuen sich steigender Beliebtheit.

MIT ROM UND LONDON AUF AUGENHÖHE

Zu den wohl beliebtesten Schwarzwald-Fotomotiven gehört das Kloster Sankt Trudpert im Münstertal. In dieses schöne Tal zieht wohl um 604 von Rom her kommend der iroschottische Mönch Trudpert, um die heidnischen Alemannen zu bekehren. Zwei Knechte erschlagen ihn, nachdem er drei Jahre lang versucht hat, den christlichen Glauben zu verbreiten. Sankt Trudpert wird zum Märtyrer erklärt und 815 von Papst Stefan heilig gesprochen. Die Anfänge der späteren Abtei gehen auf die Zeit um 800 zurück. Über 800 Jahre später allerdings übersteht nur der gotische Chor den Sturm einer entfesselten schwedischen Soldateska im Dreißigjährigen Krieg. Jahrzehnte später wird mit dem Aufbau einer neuen Barockkirche begonnen, bis 1738 gibt es Neugestaltungen, und ein neues Langhaus entsteht.

Der Dom in Sankt Blasien strahlt als drittgrößte Kuppelkirche Europas – nach Sankt Peter in Rom und St. Paul's in London – aus dem kleinen Kneipp- und Kurort in das waldreiche Tal der oberen Alb und gilt als Meisterwerk des Frühklassizismus. Gegründet wird das Kloster als Abtei im 9.

links Einst eine der größten Burganlagen in Baden – heute eine Ruine ist die im 11. Jahrhundert erbaute Hochburg in Emmendingen. Ein Opfer der Kaiserlichen Truppen im Dreißigjährigen Krieg und 1689 der Franzosen
oben und unten Im 11. Jahrhundert von den Zähringern hoch über Durbach erbaut: Schloss Staufenberg, heute ein markgräfliches Weingut mit Weinstube und erstklassiger Küche

Zwischen 1641 und 1689 von den Schweden und mehrfach von den Franzosen niedergebrannt: Burg Hornberg, die um 1100 auf einem Fels errichtet wurde. Erhalten blieb der 30 Meter hohe Schlossturm, der Pulverturm und das Aussichtsrondell
rechts Alles Pulver zu früh verschossen – das Hornberger Schießen findet alljährlich als Freilichtspiel statt

Jahrhundert von Einsiedlern, die die Reliquien des heiligen Blasius bei sich tragen. Der Bau des Doms zwischen 1768 und 1783 obliegt den französischen Baumeistern Pierre Michel d'Ixnard und Nicolas de Pigage. Im Innern tragen zwanzig im Kreis angeordnete korinthische Säulen das 64 Meter hohe und 32 Meter weite Gewölbe. Aufgrund der Säkularisierung löst man das Kloster auf, in den Gebäuden werden Betriebe wie eine Baumwollspinnerei eingerichtet. Seit 1934 besteht das renommierte Jesuiten-Kolleg Sankt Blasien auf dem Klostergelände.

STOLZ UND UNNAHBAR AUF SCHROFFEN FELSEN

Doch nicht nur Klöster, auch die adligen Grundherren und Geschlechter verewigten sich mit dem Bau von Burgen und später von Schlössern. Stolz und unnahbar ruhen diese befestigten Herrensitze exponiert auf schroffen Felsen und Bergen. Staufenberg thront weithin sichtbar hoch über dem bekannten Weinort Durbach, dessen Wahrzeichen das Bauwerk geworden ist. Im 11. Jahrhundert wird es von den Zähringern erbaut. Nach Zerstörungen im Dreißigjährigen Krieg plündern 1689 französische Marodeure die Burg. 1693 Kauf durch Markgraf Ludwig Wilhelm von Baden, 1832 Umbau zum Schloss. Die Weinbautradition am Staufenberg datiert in das 14. Jahrhundert und wird im Jahr 1782 durch Markgraf Karl Friedrich (1738–1811), dem späteren Großherzog von Baden neu belebt. Er setzt die ersten sortenreinen Riesling-Reben in der Lage Klingelberg, die dem Durbacher Riesling seinen Namen geben. Das Weingut Schloss Staufenberg bietet heute Weinproben und Kellereibesichtigungen an, die Wein- und Vesperstube lädt zum Verweilen ein, und von der Schlossterrasse aus hat man eine wunderschöne Aussicht über die Rebflächen, den Schwarzwald und weiter in die Vogesen.
Die Hochburg zwischen Emmendingen (Windenreute) und Sexau ist nach dem Heidelberger Schloss die zweitgrößte Burgruine in Baden. Die Burg wurde im 11. Jahrhundert vermutlich von Dietrich

(aus dem Geschlecht der Grafen von Nimburg), dem späteren Hachberger, gegründet. Im Bauernkrieg 1525 wurde sie angegriffen, hielt aber den Angriffen stand. Unter Karl II. wurde die mittelalterliche Adelsburg vergrößert und so zu einem Schloss im Renaissancestil, das mit einer Festungsanlage umgeben war. Markgraf Georg Friedrich erweiterte die Burg mit sieben Bastionen zur Landesfestung. Während des Dreißigjährigen Kriegs wurde die Burg belagert und in der Folge 1636 geschleift. Markgraf Friedrich VI. baute sie ab1660 wieder auf. Auch wenn die Verteidigungsanlagen später freiwillig abgebaut wurden, war die Burg den Franzosen nach dem Frieden von Nimwegen ein Dorn im Auge. Gesinde verursachte unachtsam ein Feuer, das die Burg stark beschädigte, und als die französischen Truppen 1688 die Ruine besetzten, sprengten sie die noch letzten vorhandenen Verteidigungsanlagen. Im 19. Jahrhundert begann man mit Maßnahmen zum Schutz der Ruine, und 1971 hat sich ein Verein zur Erhaltung der Ruine Hochburg gebildet.
Weiter südlich im Breisgau fällt beim Blick vom Münsterberg in Breisach auf einen gegenüberliegenden Hügel namens Eckartsberg auf, auf dem sich ein Obelisk erhebt, wo früher die Burg und ein kleines Kloster standen. Viele Heldensagen und blutige Geschichten ranken sich um diesen Berg des getreuen Eckehart. Der Obelisk aus dem Jahre 1856 erinnert an den Übertritt Breisachs und des Breisgaus zum Großherzogtum Baden (1806). Hier oben setzen das *Europalicht* und die

oben links Nur der Bergfried der in der Stauferzeit gebauten Burg Zavelstein überstand die Zerstörung im Jahr 1692
oben rechts Im 13. Jahrhundert erbaut, 1678 von den Franzosen zerstört: Oberbadens einst mächtigste Burg, Rötteln bei Lörrach, ist heute bekannt für ihre Sommer-Freilichtspiele
Seite 115 Das Wasserschloss Inzlingen nahe Basel entstand Anfang des 16. Jahrhunderts – heute Restaurant und Gästehaus

Europafahne ein Zeichen für die Europastadt Breisach. Die größte Burganlage am Schwarzwaldrand ist die Burgruine Rötteln nordwestlich von Lörrach, sie ist die drittgrößte Burgruine Badens. In der Geschichte der Grenzstadt Lörrach spielte die Burg eine große Rolle und ist auch heute das Wahrzeichen der Stadt. Die 300 Meter lange und zwischen 40 und 80 Meter breite Burganlage bestand bereits im 11. Jahrhundert. Die weitläufige Burg teilt sich in eine Vorburg und ein Oberburg, die über eine Zugbrücke zu erreichen ist. Die Oberburg ist der älteste Teil der Ruine, von ihr aus hat man einen schönen Blick auf Lörrach, das Wiesental und auf einige Schweizer Berggipfel. Dank Freilichtaufführungen werden die alten Mauern mit Leben erfüllt.

JÄHRLICHES SCHIESSEN IN HORNBERG

In die Schweiz, genauer in den Aargau, in den Klettgau und in das Rheintal blickt man von der Küssaburg aus. Die Burgruine ruht im Landkreis Waldshut und stellt ein sehr bedeutendes Baudenkmal am Hochrhein dar. Einst war die Burg im Besitz des Grafen von Küssaburg, des Hochstifts Konstanz und der Grafen von Sulz. Wohl die eigene Besatzung zerstörte die Burg am 8. März 1634, als man im Dreißigjährigen Krieg die schwedische Armee herannahen meinte. Im 19. Jahrhundert begann man mit der Freilegung der Ruine, die ein beliebtes Ausflugsziel geworden ist.

Auf dem historischen Schlossberg der Burg Hornberg können heute noch die Überreste der ehemaligen Burg mit dem Turm bestiegen werden. Auch der Pulverturm ist noch als Aussichtsplattform erhalten. 1100 entstand auf dem unteren Schlossfelsen die erste Hornberger Burg, 100 Jahre später wurde sie am jetzigen Standort errichtet. Im Dreißigjährigen Krieg brannte die Burg nieder. Jedes Jahr wird auf der Erwin-Leisinger-Freilichtbühne das Volksschauspiel aufgeführt, das das Missgeschick des sprichwörtlich gewordenen *Hornberger Schießens* zum Inhalt hat.

In Zavelstein, der bis zur Gemeindereform von 1975 kleinsten Stadt Baden-Württembergs, liegt die Ruine der Burg Zavelstein, die auf einem Bergsporn über dem Teinachtal zu Beginn des 13. Jahrhunderts erbaut wurde. Aus den ersten urkundlichen Erwähnungen geht hervor, dass ab 1280 Ritter Richelin die Burg bewohnte. Von der ehemaligen Stauferburg sind die Toranlagen, die Palaisruine, das Kellergewölbe und die Mauerreste der Ringmauer mit der Zwingeranlage noch erhalten sowie ein 28 Meter hoher Bergfried.

Eine neue Ära begann, als sich ab 1699 Markgraf Ludwig I. von Baden das Rastatter Schloss erbauen ließ. Es ist mit jenem in Mannheim das größte Barockschloss in Südwestdeutschland und eine gewollte Nachbildung des Versailler Schlosses. Hier erzählen die verschwenderischen Stuckdekorationen und Deckengemälde italienischer Künstler, die ausgestaltete Beletage und der Ahnensaal die Geschichte des Markgrafen Ludwig I., der als Türkenlouis bekannt ist. Im Erdgeschoss befinden sich jetzt das Wehrgeschichtliche Museum, aber auch das Freiheitsmuseum, das an die Freiheitsbewegung in der deutschen Geschichte erinnert. Im Schloss Favorit, einst Lustschloss des Markgrafen, ließ sich die Witwe Sibylla Augusta eine Sommerresidenz errichten, wo heute die Beletage, die Küche sowie eine außergewöhnliche Porzellansammlung einen Besuch wert sind.

Bad Säckingen: Das Schloss Schönau (16. bis 18. Jahrhundert) heißt auch Trompeterschloss und beherbergt ein umfangreiches Blasinstrumentenmuseum
rechts Die Fürsten von Fürstenberg residierten im Schloss von Donaueschingen. Das Schloss wurde im 18. Jahrhundert im Barockstil erbaut und im vorletzten Jahrhundert mit Belle-Epoque-Elementen umgebaut

Die ehemalige Ritterburg Schloss Eberstein aus dem Jahr 1250 fungiert heute als Weingut höchster Güte. Schloss Eberstein wurde im Unterschied zur nahe liegenden Ebersteinburg (Baden-Baden) im 13. Jahrhundert auf den Felsen oberhalb der Murg erbaut. Im 17. Jahrhundert ging sie in den Besitz der Markgrafen von Baden über. Tritt man durch das Tor, erkennt man die ehemaligen Stallungen, und vor der drei Meter wuchtigen Schildmauer erblickt man den steinernen Eber. Das Schloss ist seit dem Verkauf durch das Haus Baden im Besitz der Gebrüder Overlack. Sie richteten ein Gourmetrestaurant mit hervorragendem Hotel und eine Schlossschänke mit Terrasse ein. Im Innenhof trifft man auf die Vinothek, in der die edlen Schlossbergtropfen verkostet und erworben werden können. 2002 wurde das Rebgelände wieder bestockt und damit eine alte Tradition wieder belebt, denn bereits im 14. Jahrhundert wurde hier Wein angebaut: Nun wachsen hier Spätburgunder, Riesling, Weißer Burgunder, Merlot und Sauvignon Blanc unter strengen Qualitätskriterien, die sowohl im Weinberg wie auch bei der Vinifikation gelten.

DAS ADLIGE MÄDCHEN UND DER ARME TROMPETER

Schloss Schönau in Bad Säckingen mit seinem Kurpark wird auch das Trompeterschloss genannt. Es wurde um 1600 anstelle einer früheren Anlage errichtet und stellt sich als typisches Herrenhaus mit vieleckigen Ecktürmen dar. Es beherbergt heute vor allem eine wertvolle Trompetensammlung, eine außerordentliche Uhrensammlung und das Hochrhein-Museum, das über Funde aus der Vor- und Urgeschichte verfügt. Hier entspann sich der Sage nach die Liebesgeschichte des Trompeters von Säckingen. Viktor von Scheffel war es – der selbst vor Liebeskummer vergehend – von Säckingen ins ferne Capri zog, um dort die romantische Verserzählung *Der Trompeter von Säckingen* niederzuschreiben. Zuvor war ihm die Liebesgeschichte des Bürgersohns Franz Werner Kirchhofer zur Adligen Maria Ursula von Schönau zu Ohren gekommen. In Scheffels Verserzählung geht es dann auch um die Liebe eines adligen Mädchens zu einem armen bürgerlichen Trompeter. Da der Standesunterschied eine Verehelichung nicht zulässt, wird sie an den kaiserlichen Hof nach Wien geschickt, er folgt ihr und bringt es zum Domkapellmeister. Glücklicherweise wird der Trompeter geadelt und die beiden können doch noch ihr Glück finden.

Mit Wald und Bier machten die Fürstenberger ihren Reichtum. Donaueschingen wurde 1723 durch Fürst Josef Wilhelm Ernst von Fürstenberg zur Residenz erkoren, wo er sich ein Schloss erbauen ließ. Es sollte in Französisch geprägtem Stil repräsentativen Ansprüchen genügen und das Platz-

links Ihr da oben, wir da unten – majestätisch thront das Schloss Ortenberg über das gleichnamige Weindorf nahe Offenburg. Erstbau im 11. Jahrhundert, nach Zerstörung Neubau ab 1834
oben 1764 als Propstei erbaut: Schloss Bürgeln in Schliengen, Landkreis Lörrach

angebot eines Schlosses mit dem Wohnkomfort einer Villa verbinden. Die Fürstlich Fürstenbergischen Sammlungen mit ihren wertvollen Handschriften wurden zum Teil veräußert und sind in Nebengebäuden untergebracht. Kostbare Möbel und sakrale Gegenstände wechseln sich mit Exponaten zur Vor-, Früh- und Heimatgeschichte ab, in der naturkundlichen Abteilung sieht man ausgestopfte Tiere aus aller Herren Länder. Beachtlich sind die Gemälde altdeutscher Meister wie von Matthias Grünewald, Hans Holbein dem Älteren und Lucas Cranach.

LITERATEN – LIEDER – FILMER – MALER

Der Schwarzwald hat eine vielfältige Dialektlandschaft aufzuweisen und ist aufgrund seiner früheren Unwegsamkeit kein einheitliches Sprachgebiet. Die alemannischen Siedlerströme umgingen den Schwarzwald, die Berge bedeuteten deshalb auch Sprachgrenzen. Zwei große Grenzlinien sind im Schwarzwald bestimmend. Zum einen trennt die Bodensee-Sundgau-Schranke das Südalemannische entlang der Kind/Chind-Linie ab. Der elsässische Dialekt und das Schweizerdeutsche gehören dabei zu einer Sprachfamilie im Dreiländereck um Basel. Eine zweite Grenze trennt in Nord-Süd-Richtung entlang der Weib/Wiib-Linie den Schwarzwald nochmals in zwei unterschiedliche Gebiete auf. Die vielfältigen Herrschaftsgebiete, die Einrichtung von Verkehrsverbindungen und später auch die konfessionellen Unterschiede verstärkten die Entwicklung unterschiedlichster Sprachlandschaften. Mit Johann Peter Hebel (1760–1826), dem begnadeten Erzähler zahlreicher hintersinniger Kalendergeschichten und Dialektgedichte, hat das Alemannische Eingang in die Literatur gefunden. Seine Geschichten *Kannitverstan* oder *Unverhofftes Wiedersehen* gehören zum festen Kanon der deutschen Literatur. In den unterschiedlichen Dialektregionen haben sich zahlreiche Autoren und Autorinnen mit Erzählungen und Gedichten eine zumindest lokal begrenzte Bekanntheit verschaffen können.

Drei weitere Autoren sind noch zu nennen, die den Schwarzwald in der Literatur vertreten. Zum einen ist es der schon einmal erwähnte Viktor Scheffel, der vor allem mit der Umsetzung seines *Trompeters von Säckingen* auf die Bühne selbst den Kaiser in seiner Loge rührte – und nicht umsonst seinem Namen bald ein *von* voranstellen konnte. Zum anderen ist es Hermann Hesse

Seite 120 Der Trompeter am Trompeterschloss in Bad Säckingen erinnert an den Schriftsteller Joseph Victor von Scheffel (1826–1886), der das Versepos »Der Trompeter von Säckingen« schuf
oben Literaturnobelpreisträger Hermann Hesse ist der berühmteste Sohn von Calw – er bezeichnete seine 1075 erstmals dokumentierte Stadt als die schönste von allen

(1877–1962), dem man nach langen Jahren des Zögerns 1990 ein wirklich sehenswertes Museum im Haus Schütz am Marktplatz in Calw eingerichtet hat. Das Verhältnis der Vaterstadt zu Hesse, der 1946 immerhin den Literaturnobelpreis erhielt, war etwas angespannt. Natürlich verkörperte Hesse, der seine Jugendjahre in Calw unter dem Titel *Gerbersau* und seine unglücklichen Erfahrungen mit der Schule in *Unterm Rad* zusammenfasste, als *Steppenwolf* nicht gerade das ideale Vorbild für die sittsamen Calwer Bürger. Hesse selbst, der im Tessin ansässig war, hielt aber zeitlebens viel auf seine Geburtsstadt; so schrieb er einmal: »Wenn ich als Dichter vom Wald oder vom Fluss, vom Wiesental, vom Kastanienschatten oder Tannenduft spreche, so ist es der Wald um Calw, ist es die Calwer Nagold, sind es die Tannwälder und die Kastanien von Calw ...«

SIMPLICISSIMUS, DOKTOR FAUST UND DAS KALTE HERZ

Hans Jakob Christoffel von Grimmelshausen, der sich als Wirt in Oberkirch-Gaisbach und in Renchen als Schultheiß niederließ, verfasste mit seinem *Simplicissimus* das bedeutendste literarische Barockzeit-Dokument in deutscher Sprache. Ursprünglicher Volksliteratur begegnet man in den Sagen und Märchen. Besonders auffällige Naturphänomene wie Felsformationen, Moore oder unergründliche Bergseen haben die Fantasie der Bewohner zu Geschichten beeinflusst. Oft stellte man sich vor, dass das gestaute Wasser sich über ein Tal und eine Ortschaft ergießen könnte oder dass in den Gewässern schreckliche Drachen hausten. Hilfreiche Erd- und

oben links Glottertal, Schwarzwaldklinik ...
oben rechts Der Hof der TV-Schwarzwaldfamilie Faller ist kein Kulissenhof, sondern ein ganz normal bewirtschafteter Bauernhof zwischen Furtwangen und Gütenbach. Die echten Bauersleute heißen nicht Faller ...
Seite 123 Diese Schwarzwälderin ist nicht verheiratet, denn rote Bollenhüte dürfen nur ledige Frauen tragen. Verheiratete tragen Hüte mit schwarzen Bollen

Burggeister bevölkern die Sagenwelt und harren ihrer Erlösung. Flurnamen wie die Hexenplätze oder die Teufelsmühle verweisen auf unheimliches Geschehen, lokale Dämonengestalten werden oft als Fastnachtsfiguren alljährlich wieder zum Leben erweckt. Wie immer bei Sagen soll auch die Ermordung des Doktor Faust durch den Teufel im Staufener Gasthaus Löwen auf einem wahren Kern beruhen: Die Herren von Staufen wollten, wie es die Zimmerische Chronik ausführt, Gold herstellen lassen – Doktor Faust aus Knittlingen sagte ihnen seine Hilfe zu und muss wohl bei einem fehlgeschlagenen Versuch ums Leben gekommen sein. Im Bereich der Kunstmärchen ist Wilhelm Hauff zu erwähnen, der seine Verwandtschaft in Baiersbronn besuchte und dort mit dem Stoff der Flößer und Köhler in Berührung kam. Sein Märchen *Das kalte Herz* wurde öfters verfilmt und wird im Baiersbronner Märchenmuseum sowie im Museum Neuenbürg szenografisch präsentiert.
Zur Kur trafen in den Badeorten zahlreiche bekannte Persönlichkeiten ein. Nach Baden-Baden und vor allem in die Spielbank zog es Dostojewski, Gogol, Turgenjew, aber auch die Gebrüder Dumas, Musset, Balzac und Victor Hugo. Ein weiterer künstlerischer Treffpunkt war Badenweiler, wo René Schickele, Annette Kolb und Oskar Schlemmer Wohnsitz nahmen, Gabriele Wohmann weilte und die erkrankten Stephen Crane und Tschechow verstarben. Rilke wählte Bad Rippoldsau als Rückzugsort.
An den langen Winterabenden gab es den Brauch des *z'Liecht gehens,* bei dem man den Hof des Nachbarn im Schein eines Kienspanfeuers besuchte. Auf alten Stichen wird dargestellt wie die jungen Mädchen sittsam an ihrer Aussteuer spannen und wie man sich Geschichten erzählte und auch wohl Lieder zum Besten gab. Wer kennt ihn nicht, den Titel des Liedes *O Schwarzwald, o Heimat?* Der etwas triviale Text stammt vom Verfasser der *Schwarzwälder Dorfgeschichten*, Ludwig

Das Hüsli in Grafenhausen ist das Museum des Landkreises Waldshut mit viel Schwarzwälder Volkskunst
rechts Hier ließen es sich bereits die Römer gutgehen: Haslach im Kinzigtal, wo heute das Schwarzwälder Trachtenmuseum zu besichtigen ist

Auerbach (1840–1882), und gehört zusammen mit der nostalgischen *Mühle im Schwarzwäldertal* zum unumstößlichen Repertoire von Folkloreabenden. Flottere Töne brachte Leon Jessels Operette *Schwarzwaldmädel* ab 1917 von Berlin aus auf die Bühne. »Mädle aus dem Schwarzenwald, die sind nit leicht zu habe ...«, hieß es dort. Das populäre Stück wurde auch am Broadway aufgeführt – den Komponisten bewahrte es allerdings nicht vor der Verfolgung und Ermordung durch die Nazis. Ein echtes alemannisches Volkslied ist das Lied *In Muetters Stüebeli, do goht der Wind*, das auch in andere deutsche Dialekte übernommen wurde. Mit dem Widerstand 1975 gegen das Atomkraftwerk in Wyhl bekam es durch den Liedermacher Walter Mossmann einen Text mit kritischerem Inhalt. Eine Renaissance erlebten auch die Lieder der Badischen Revolution von 1848/49, spätestens als sich die Niederschlagung der liberalen Ideen durch die preußischen Truppen zum 150. Male jährten. Gerne wird im badischen Teil des Schwarzwalds, in den Fußballstadien des SC Freiburg und des Karlsruher SC das *Badner Lied* – »Das schönste Land in Deutschlands Gaun, das ist das Badner Land – es ist so herrlich anzuschaun und ruht in Gottes Hand ...« – gesungen, zu dem es 150 Strophen gibt, die für die schwäbischen Nachbarn aber nicht immer nur positive Formulierungen enthalten.

BERGFILMPIONIERE, SCHWARZWALDMÄDEL UND BOLLENHÜTE

Auch in die Welt des Films hat sich der Schwarzwald eingeschrieben. Freiburg war Sitz der Bergfilmpioniere Arnold Fanck und Sepp Allgeier, die zusammen mit der jungen Leni Riefenstahl und Luis Trenker ab den 1920er Jahren weltweit bekannte Filme wie *Die weiße Hölle vom Piz Palü* oder *SOS Eisberg* drehten. Nach dem Krieg wollte man dann heile Welt sehen. 1950 traf der Kinofilm *Das Schwarzwaldmädel* genau den Nerv der deutschen Nachkriegsgeneration und wurde stilbildend – zahlreiche Filme derselben Machart folgten, die Titel trugen wie *Die Rosel vom Schwarzwald*, *Schwarzwaldfahrt aus Liebeskummer* mit Roy Black oder die *Schwarzwaldmelodie.* Neueren Datums sind die Verfilmung von Rolf Hochhuths Romans *Eine Liebe in Deutschland* (1983) mit Hanna Schy-

gulla und Armin Mueller-Stahl sowie Thomas Strittmatters *Viehjud Levi* (1999). 2002 entstand die Serie *Schwarzwaldhaus 1902*, in der eine fünfköpfige Berliner Familie im Sinne einer Zeitreise um genau 100 Jahre auf einen Bauernhof in das Münstertal zurückversetzt wurde – die Vergangenheit wurde also nicht nacherzählt, sondern musste in jeder Hinsicht authentisch, also im Vergleich zu heute höchst unbequem gelebt werden.

Jeden Sonntag ist seit 1994 ein echter Schwarzwälder Bauernhof unter dem Filmnamen *Fallerhof* im SWR-Fernsehen zu sehen – er dient der Vorabendserie *Die Fallers* als Außenkulisse und spiegelt das aktuelle Leben einer Schwarzwälder Bauernfamilie wider. Die Schauspieler haben sich mit den Jahren Kultstatus erspielt. Ein absoluter Gassenfeger war allerdings die ZDF-Serie *Schwarzwaldklinik.* Sie wurde mit ihren 72 Folgen seit Oktober 1985 in über 40 Ländern ausgestrahlt, bis zu 28 Millionen Zuschauer sahen die Serie Woche für Woche in Deutschland. An 751 Drehtagen wurden 208 Kilometer Film an 335 Drehorten wie dem Wohnsitz des Professors Brinkmann – das Heimatmuseum *Hüsli* bei Grafenhausen-Rothaus – abgedreht. 684 Darsteller kamen dabei zum Einsatz. Der Schwarzwald wurde mit dieser Serie zum Bollywood.

Im Schwarzwaldfilm-Leben wurde die vielfältige Trachtenwelt des Schwarzwaldes meist auf den bekannten Bollenhut beschränkt. Will man sich über fast alle Trachten einen umfassenden Überblick verschaffen, lohnt sich ein Besuch des Schwarzwälder Trachtenmuseums in Haslach im Kinzigtal,

Seite 126 Die Burgruine Rötteln in Lörrach bezaubert mit sommerlichen Freilichtspielen
links Leichtfüßige Musicals bis zu anspruchsvollstem Schauspiel bieten die Schlossfestspiele in Ettlingen an – und das alljährlich in den Sommermonaten
oben Breisach am Rhein: Freilichttheater auf dem Schlossberg im Rahmen der Breisacher Festspiele, alljährlich in den Sommermonaten

das dort im Klostergebäude untergebracht ist. Gerade Haslach hat schon lange einen engen Bezug zur Welt der Trachten. Auf dem Marktplatz und in den Gassen der Stadt fand 1899 das große *Zweite Badische Trachtenfest* mit 1.800 Trachtenträgerinnen und Trachtenträgern statt, das 1999 eine farbenprächtige Wiederholung fand. Die Ende des 17. und Anfang des 18. Jahrhunderts entstandenen bäuerlichen Volkstrachten wurden zu Beginn des 20. durch die Mode und die Entwicklung der Arbeitskleidung in den Fabriken immer weiter zurückgedrängt. Aus Haslach im Kinzigtal stammt der Pfarrer und berühmte Volksschriftsteller Heinrich Hansjakob (1837–1916), dessen Bücher sich in Millionenauflagen verkauften. Er brachte 1892 eine Flugschrift zur Erhaltung der Volkstrachten heraus und gründete einen Verein. Haslach hat in Hansjakobs letztem Wohnsitz, dem stattlichen Freihof, ein Museum eingerichtet, das den »Rebell im Priesterrock« gebührend würdigt.

Die Tracht des Bollenhuts gelangte um die Jahrhundertwende 1900 als Postkartenmotiv einer Münchner Malerkolonie in alle Welt – Curt Liebich und Wilhelm Hasemann sind unter ihnen zu nennen. Weitere Maler aus dem Schwarzwald sind Hans Thoma, Johann Baptist Kirner, Karl Bartels, Ernst Würtenberger, Hermann Dischler, Karl Hauptmann, Christian Gotthard Hirsch, die den Schwarzwald ihrer Zeit entsprechend auf die Leinwand bannten oder wie die berühmten Gebrüder Winterhalter die gekrönten Häupter ganz Europas. Abwechslung und Unterhaltung versprechen die bunten Darstellungen bei den zahlreichen Freilichtaufführungen, die in Breisach, Ettlingen, in Gengenbach, Hornberg, Herrischried, Emmendingen oder in Hirsau stattfinden. Oft stehen dabei Stücke mit einem lokalen Bezug auf dem Programm.

TOURISTISCHE STRASSEN UND BAHNEN – DEN SCHWARZWALD MOBIL ERLEBEN

Ob man nun die Wanderschuhe schnürt, das Mountainbike sattelt, öffentliche Verkehrsmittel wählt oder das eigene Auto, es gibt viele Möglichkeiten, den Schwarzwald für sich zu entdecken. Historisch wurde der Schwarzwald zuerst mit der Bahn und dem Bus, dann mit dem eigenen Wagen erkundet. Zum Teil wurden die Straßen eigens für den Tourismus angelegt. Dies war der Fall bei der Schwarzwaldhochstraße, die 1932 auf Wunsch einiger Gastronomen auf 60 Kilometer Länge gebaut wurde und die älteste touristische Straße im Schwarzwald ist. Sie führt vom Luftkurort

Die Sauschwänzlebahn (Blumberg bis Weizen) heißt auch Kanonenbähnle, weil sie 1887 bis 1890 als Militäreisenbahn gebaut wurde

Freudenstadt über den Schliffkopf und die Bühlerhöhe bis ins mondäne Baden-Baden. Auch heute noch ist sie unumstritten eine der attraktivsten touristischen Straßen: Eine Fahrt auf ihr bietet – besonders seit dem Orkan Lothar – herrliche Ausblicke in die Schwarzwaldtäler, in das Rheintal, das Elsass und in die Vogesen. Gerade Genuss-Motorradfahrer oder Cabriofahrer sind von ihren sanften Kurvenschwüngen begeistert. Touristische Anziehungspunkte sind der sagenumwobene Mummelsee, der Lotharpfad, der an den Orkan erinnert, der Wildsee, das weite Hochmoor der Hornisgrinde und der Wildnispfad an der Bühlerhöhe. Da die Schwarzwaldhochstraße auf einer Höhe zwischen 700 bis 1.164 Metern verläuft, ist im Winter Schneesicherheit nahezu garantiert, und die vielen Skilifte sowie der Anschluss an den Skifernwanderweg Nordschwarzwald laden zu reinem Schneevergnügen ein.

WANDERERS LUST SEIT 1864 – HEUTE AUCH MIT GPS

Der Schwarzwald ist seit mehr als einem Jahrhundert eine ideale Wanderdestination. Sportlich anspruchsvoll oder eher gemütlich, hier findet jeder seine passende Herausforderung, um an seinen Grenzen zu arbeiten, sei es mit oder ohne Gepäck. Besonders gutes Wanderwetter findet man bei den Inversionswetterlagen vor! Die beste Zeit, in frischer Schwarzwaldluft sagenhafte Aussichten zu genießen, besteht im Sommer. Wer eine kühle, klare Luft mit einem perfekten leuchtenden Farbenspiel erleben möchte, wandert im Herbst durch die Berge und Täler.
Zudem ist das Wandern im Schwarzwald auch einfach, weil es eine perfekte Wanderbeschilderung gibt, die nach Nah-, Mittel- und Fernzielen gegliedert sowie mit weiteren hilfreichen Angaben versehen ist. Selbst ohne Karte ist es problemlos, sich entlang der markierten Wanderwege zurechtzufinden. 1864 erfolgte die Gründung des *Schwarzwaldvereins,* der es sich vor allem mit seinen unzähligen ehrenamtlichen Helfern zur Aufgabe machte, ein Wandernetz einzurichten und zu beschildern sowie ein umfassendes Kartenwerk zu erstellen. 24.000 Kilometer Wanderwege durchziehen den

Schwarzwald. Besonders die Fernwanderwege haben Kultstatus erreicht. Der bedeutendste ist der 1901 angelegte 260 Kilometer lange Westweg, der von Pforzheim nach Basel führt, 6.000 Höhenmeter überwindet und danach durch den Mittelweg (Pforzheim–Waldshut, 233 Kilometer) und den Ostweg (Pforzheim–Schaffhausen, 239 Kilometer) ergänzt wurde. Nach einer Wanderung auf dem Westweg hat man verstanden, was den Schwarzwald zum Schwarzwald macht. Doch nicht nur in Nord-Süd-Richtung wurden Fernwanderwege ausgebaut – ambitioniert wollte man den Schwarzwald auch in Ost-West-Richtung zu Fuß bezwingen. Der 92 Kilometer lange Querweg Lahr–Rottweil, der Querweg Schwarzwald–Kaiserstuhl–Rhein (108 Kilometer), besonders aber der von Freiburg nach Konstanz führende Freiburg–Bodensee-Querweg, der Teil des europäischen Fernwanderwegs 1 ist, begeistert alle Wanderer.

links Herbstwald bei Sasbachwalden
oben Ruhe am Wildsee, Schwarzwaldhochstraße

Die jüngste Wanderroute ist der 118 Kilometer lange Schluchtensteig Schwarzwald, der parallel zum Hochrhein von der Wutachschlucht bis nach Wehr führt. Er hat wie andere auch das Qualitätssiegel *Wanderbares Deutschland* des Deutschen Wanderverbandes erhalten. Diese Auszeichnung bewertet das Wegeformat, die Attraktivität und den Abwechslungsreichtum der Landschaft, die Beschilderung, kulturelle Besonderheiten entlang der Strecke, die Ausstattung mit Rastplätzen und wanderfreundlichen Unterkünften sowie die Anbindung an öffentliche Verkehrsmittel. Zahlreiche Veranstalter bieten auch *Wanderungen ohne Gepäck* an, bei denen das Gepäck von den Gastgebern in die nächste Unterkunft transportiert wird. Besonders Familien mit Kindern versucht man mit geeigneten Angeboten – wie kinderwagentaugliche Wanderwege oder die Einrichtung von Wichtelpfaden – für die einfachste Art der Fortbewegung, also auf Schusters Rappen, zu begeistern. Interessant sind die ausgewählten Erlebnispfade der Naturparke, die zu sehenswerten Flecken führen, auf Besonderheiten hinweisen und Spannendes über die Geschichte vom Wald und seinen Bewohnern erzählen. Neben der gewöhnlichen Wanderkarte kann man die Tourenplanung im Norden und der Mitte mit einem Naturpark-Scout planen und durchführen. Die Navigation erfolgt als download des Tourenvorschlages für GPS-Geräte – so wird man heute modern durch das Gelände geleitet und erhält zudem interessante touristische Infos inmitten der frischen Schwarzwaldluft. Um wanderunlustige Jugendliche zu begeistern, wirbt der Naturpark Südschwarzwald mit dem Geocaching als »moderne Form der Schnitzeljagd«. Dabei sucht man mit Hilfe von GPS-Geräten nach Koordinaten, an denen ein Schatz, also ein sogenannter *Cache* versteckt ist. Hat man ihn gefunden, entnimmt man ihn und legt etwas Gleich- oder Höherwertiges hinein. Ehrenkodex eines jeden Geo-

Winternächtliches Sankt Märgen an der Panoramastraße

cacher: Respektvoller Umgang mit der Natur. Als Botschafter der Region verstehen sich die Gästeführer. Sie haben eine spezielle Schulung durchlaufen, um Gästen interessante Informationen über den vielfältigen Schwarzwald zu vermitteln.

»Es ginge alles besser, wenn man mehr ginge«, hat schon der Aufklärer Johann Gottfried Seume (1763–1810) in seinem Werk *Spaziergang nach Syrakus* festgestellt.

RADLERS PARADIES

1817 revolutionierte der badische Freiherr Drais von Sauerbronn die menschliche Fortbewegung, indem er die Draisine, die *Fahrmaschine ohne Pferd* erfand. Karlsruhe und Mannheim teilen sich den Ruhm des Erfinders, dessen Laufrad von hier aus und als *vélocipède* über Frankreich seinen Siegeszug um die Welt antrat. Ehrliche Klimahelden und Freizeitsportler aller Art greifen heute zum Tourenrad oder Mountainbike und erleben den Schwarzwald mit seinen Auf- und Abstiegen in all seiner Intensität. Denn eines ist sicher: jedem mühevollen Aufstieg folgt eine herrliche Abfahrt. Familienradler bleiben auf den Hochebenen oder pedalen entspannt den Flussläufen entlang, die oft von Radwegen begleitet werden. Über hundert ausgeschilderte Rund- und Streckentouren gibt es im Schwarzwald, aber man sollte trotz allem nicht vergessen, dass man sich in einem Mittelgebirge aufhält. In vielen Gemeinden gibt es einen Radverleih. Das E-Bike steht gerade bei älteren Fahrern hoch im Kurs, auf

ihm lassen sich auch die naturgemäßen Steigungen des Schwarzwaldes gut bewältigen. Eine 375 Kilometer lange Strecke legt man auf dem Schwarzwaldradweg von Karlsruhe nach Basel zurück. Dazu ist schon eine gehörige Portion Kondition erforderlich, und nur Teilabschnitte sind für Familien geeignet. Am besten plant man eine Woche für diese Tour ein, die mit schönen Ausblicken und Landschaftserlebnissen wie den Triberger Wasserfällen, Titisee und Schluchsee sowie einem Aufstieg auf den Feldberg belohnt werden. Überall gibt es bikerfreundliche Unterkünfte, und der Hunger kann auf Wunsch kohlehydratreich gestillt werden. Wichtig ist es, bereits am Vorabend oder Morgen die nächste Übernachtung zu vereinbaren, denn eine heiße Dusche und eine ordentliche Schwarzwälder Vesper hat man sich nach jeder Tagesetappe verdient.
Auch Rennradfahrer fühlen sich auf den Bergstrecken – die bei der Deutschland-Tour und der legendären Tour de France mehrmals durchfahren wurden und werden – auch ohne Doping sehr wohl. Für Mountainbiker ist der Schwarzwald ein ideales Terrain, denn er besitzt ein ausgesprochen vielseitiges Bikernetz. Von der leichten bis zur extrem schweren Tour ist alles im Schwarzwald vertreten. Damit es nicht zu Interessenkonflikten zwischen Wanderern und Bikern kommt, gibt es extra ausgewiesene Trails für die Fahrer, und in den Bikeparks kann vor allem die Fahrtechnik verbessert werden. Bei Bad Wildbad gibt es eine Sommerbergbahn mit einem Schlepplift, der sowohl Anfängern wie auch Bikern mit viel Erfahrung Spaß auf zwei Rädern verspricht. Auch ein Fahrtechnikkurs kann hier besucht werden.

Seite 134 Der Lotharpfad ist ein Lehr- und Erlebnispfad am Schliffkopf (Schwarzwaldhochstraße), der zeigt, wie ein Sturmwurfgebiet von der Natur neu besiedelt wird
oben Uhrenträger In Schonach
links Im Uhrenmuseum von Furtwangen

Ebenfalls im Nordschwarzwald liegt der Single-Trail Parcours Eulenloch in Schömberg. Hier fordern Steinfelder, Baumstämme und Wurzeln des Radlers Geschick heraus. Und einmal im Jahr treten fast 4.000 Mountainbiker in Kirchzarten zum *Black Forest Ultra Bike Marathon* in die Pedale – am Schluss ist jede und jeder, die es auf unterschiedlichen Strecken geschafft haben, heil ins Ziel zu kommen, eine Heldin oder ein Held. Nahrhafte Anstiege und rasante Abfahrten erleben Mountainbiker im Bikerparadies Todtnau. Im MTB-Park Hasenhorn Todtnau befördert der Sessellift Rad und Biker zur Bergstation auf das Hasenhorn (1.020 Meter).

VON DER HÖLLE IN DEN HIMMEL – ODER UMGEKEHRT

Im Südschwarzwald machte dank der schon erwähnten berühmten Fernsehreihe *Schwarzwaldklinik* die Panoramastraße von sich reden. Die 48 Kilometer lange Straße bietet besonders bei Sonnenuntergang wunderschöne Ausblicke über die Höhen des Schwarzwaldes, ins Rheintal bis zu den Vogesen und den Alpen. Von der Orgelstadt Waldkirch führt sie über den Kandel, weiter zu den Klosterorten Sankt Peter und Sankt Märgen, nach Breitnau und bis nach Hinterzarten, von wo aus man dann auf der Höllentalstraße ins Himmelreich – ja, das gibt es im Schwarzwald: als kleiner Ort kurz vor Kirchzarten, der so heißt, weil dort das Höllental zu Ende ist – gelangen kann. Auf 320 Kilometern führt die Deutsche Uhrenstraße durch Teile des Süd- und Mittelschwarzwalds. Man folgt den spannenden Spuren der Uhrmacherkunst, denn sie führt an vielen Ausstellungsorten historischer Uhren und Uhrenfabriken vorbei. Beginnen kann man in der Slow-City Waldkirch, der die Entschleunigung und Erhöhung der Lebensqualität am Herzen liegt, gelangt weiter durch den Weinort Glottertal nach Sankt Märgen hinauf, in dessen Rathaus seltene Exponate vom Holzuhrwerk bis zur Bahnhäusle-Kuckucksuhr ausgestellt sind. In Titisee-Neustadt wartet das Uhrenmuseum und an der sogenannten Goldküste des Sees gibt es nicht nur Kuckucksuhren zu kaufen. In Eisenbach steht im Hotel Bad eine Weltzeituhr aus dem Jahr 1865. Über Vöhrenbach gelangt man auf die Hochebene Baar und nach Schwenningen, wo man das Heimat- und Uhrenmuseum mit einer originalen Uhrmacherwerkstatt sowie das Uhrenindustriemuseum besuchen kann. Im benachbarten Villingen sieht man im Franziskanermuseum frühe und früheste Schwarzwalduhren. Von Rottweil mit seiner steinernen Sonnenuhr am Heilig-Kreuz-Münster führt die Straße weiter in das Uhren-Zentrum der Stadt Schramberg, dessen städtische Sammlung im klassizistischen Schloss untergebracht ist. Hier ticken nicht nur viele Uhren, hier trifft man auch auf eine Besonderheit: die über vier Meter hohe Arthur Junghans'sche Kunstuhr, die als Werbeobjekt zur Weltausstellung 1900 in Paris ausgestellt war. Eindrucksvoll ist das Bildprogramm – vom Nürnberger Hofuhrmacher Gustav Speckhart erarbeitet – dieser Uhr, das neben Bildern aus dem Alten und Neuen Testament auch technische Errungenschaften des 19. Jahrhunderts zeigt.

Das Schwarzwaldmuseum von Triberg zeigt eine umfangreiche Sammlung von Spieluhren und mechanischen Musikautomaten, das dort ansässige Unternehmen *Hubert Herr* ist seit dem 19. Jahrhundert auf die Herstellung von Kuckucksuhren spezialisiert und lässt sich bei der Arbeit gerne über die Schulter schauen. Furtwangen war mit seiner Uhrmacherschule – Vorläufer der dortigen renommierten Fachhochschule – lange Zeit das Zentrum für das Uhrmachergewerbe und die Feinmechanik. Heute vermittelt das Deutsche Uhrenmuseum Furtwangen einen tiefen Einblick in die Geschichte, Tradition und Kultur des Schwarzwälder Uhrenbaus und lockt mit seiner über 150-jährigen Sammlung von Schwarzwalduhren. Auch andere, auch ausländischen Uhren sind zu bewundern, insgesamt über 8.000 Objekte im weltweit wohl bestbestückten Museum für Zeitmessgeräte. Nicht nur Kuckucksuhren, auch Lackschilderuhren gehören zu den traditionellen Schwarzwalduhren. In Gütenbach wurden die Lackschilder gefertigt, bevor sie dann durch das Simonswäldertal, das sich zwischen Kandel und Rohrhardsberg erstreckt und als *Tal der Uhrenträger* gilt, in die weite Welt getragen wurden.

Dem gesunden Nass ist die Schwarzwälder Bäderstraße gewidmet. Sie führt über 270 Kilometer von der Goldstadt Pforzheim durch die Heilbäder- und Kurorte im nördlichen Schwarzwald. Typisch für diese Rundtour durch den Schwarzwald ist die Fahrt durch die waldreiche Landschaft mit ihren tiefen Tälern entlang zahlreicher Kur- und Erholungsorte. Von Pforzheim führt der Weg nach Waldbronn mit seinen modernen Mineral-Thermal-Bädern wie auch nach Bad Herrenalb mit seiner

Hier errichteten schon die Römer einen Brückenkopf: Breisach am Rhein liegt an der grenzüberschreitenden Grünen Straße und wird dominiert vom Stephansmünster, mit dessen Bau um 1200 begonnen wurde

Seiten 138/139 Rheinfähre bei Breisach

Siebentäler Therme. Ein Abstecher führt in das Thermalbad Rotherma in Gaggenau-Bad Rotenfels, weiter zu den heilklimatischen Kurorten Dobel und Schömberg. An der Enz entlang kommt man nach Bad Wildbad mit seinen heilkräftigen Thermalquellen, die im Palais Thermal und in der Vital Therme genossen werden können. Über Enzklösterle geht es via Baiersbronn und Freudenstadt zu einem Abstecher nach Bad Rippoldsau-Schapbach und nach Bad Peterstal-Griesbach. Neubulach ist ein Luftkurort mit Heilstollenkurbetrieb und Bad Teinach-Zavelstein und der Badeort Bad Liebenzell beschließen die gesunde Rundreise.

GRENZÜBERSCHREITUNGEN DER GRÜNEN STRASSE

Die grenz- bzw. rheinüberschreitende *Route Verte – Grüne Straße* verläuft auf 400 Kilometern von den französischen Vogesen in den Schwarzwald. Im Jahr 1960 wurde sie vom Colmarer Bürgermeister Joseph Rey zusammen mit seinem Breisacher Kollegen Josef Bueb ins Leben gerufen, die

beide Impulsgeber der deutsch-französischen Freundschaft waren. Die Strecke auf dem *Weg zum vereinten Europa,* so die Idee, führt von Contrexéville über den bekannten Mineralwasserort *Vittel* in die Vogesenhauptstadt Epinal, vorbei am romantisch gelegenen See von Gérardmer über die Vogesen zum Col de la Schlucht, über Munster, Turckheim in das wunderschöne Colmar. Bei der Vaubanschen Festungsstadt Neuf-Brisach überquert sie den Rhein und gelangt in die Europastadt Breisach mit seinem prächtigen Münster. Am Kaiserstuhl entlang führt die B 31 nach Freiburg und über Himmelreich durch das Höllental nach Hinterzarten, Titisee-Neustadt und Donaueschingen mit seiner im Schlosspark entspringenden Donauquelle. Die Route führt durch landschaftlich

reizvolle und gastronomisch bekannte Orte im Elsass und im Schwarzwald, die für Feinschmecker und Genießer ein Erlebnis darstellen. Mit ihren zahlreichen Museen wie dem Unterlindenmuseum in Colmar mit dem Isenheimer Altar halten sie auch besondere Schätze für Kunstfreunde bereit. Eindeutig dem Genuss ist die Badische Weinstraße gewidmet, die eigentlich für einen Autofahrer ungeeignet ist, da sie auf langen 160 Kilometern durch die berühmten Weinlagen und malerischen Dörfer der neun badischen Weinbaugebiete führt. Entlang des Schwarzwaldes findet auf kleinen Sträßchen eine lukullische Entführung in das Baden-Badener Rebland, in das Weinparadies Ortenau, in die Weinlandschaft des Kaiserstuhl-Tunibergs, des Breisgaus und in das reizvolle Mark-

gräflerland statt. Die Route verläuft von Baden-Baden über Oberkirch, Kappelrodeck, Durbach und weiter südlich in das Glottertal. Das Weinbaugebiet Kaiserstuhl beginnt man von Riegel aus zu erkunden, von wo es über Sasbach nach Breisach und weiter nach Ihringen zum Tuniberg geht. Von Bad Krozingen führt der Reiseweg weiter nach Bad Bellingen, wo man schon inmitten des einladenden Markgräflerlands angekommen ist. In Staufen, Sulzburg, Müllheim und in Schliengen locken überall bis nach Weil am Rhein neben Verkostungen auch gastronomische Verführungen in den Straußenwirtschaften und Dorfgasthäusern. Auf zahlreichen Weinlehrpfaden bekommt man zudem noch Gratisinformationen zum edlen Rebensaft. Weinseminare und Weinverkostungen bieten in der Ortenau die qualifizierten Wein-Guides an.

GELIEBTE BÄHNCHEN RUCKELN UND ZUCKELN

Doch zu Zeiten der umweltfreundlichen Mobilität ist es angesagt, das Auto einmal stehen zu lassen und sich mit öffentlichen Verkehrsmitteln zu bewegen. Zu kompliziert – zu teuer? Schon seit Jahren hat der Übernachtungsgast mit der schon in einem früheren Kapitel beschriebenen kostenfreien KONUS-Gästekarte freie Fahrt in allen neun Verkehrsverbünden der Ferienregion Schwarzwald. Zahlreiche Ausflugsziele lassen sich mit vertakteten Bussen und Bahnen leicht erreichen. Da der

links Von Weinbergen umzingelt: Durbach an der Badischen Weinstraße
oben Im Rebenbummler durch den Kaiserstuhl genießen Sie den Ausblick auf die Reben – und im Zug den Saft der Kaiserstühler Reben

Schwarzwald auch besondere Bahnstrecken bietet, sollte man eine Fahrt mit einer der zahlreichen Museumseisenbahnen unbedingt einplanen. Bei gemütlicher Geschwindigkeit schafft sie völlig neue Ein- und Ausblicke und löst spätestens nostalgische Gefühle aus, wenn ein historischer Dampfzug fauchend in den Bahnhof einfährt. Zwischen Achern und Ottenhöfen, zwischen Wein- und Obstbaumplantagen und den ersten Tannen verkehrt die Achertalbahn. Auf elf Kilometern ruckelt und zuckelt die Schmalspurbahn gemütlich das Tal der Acher entlang. Eine Lok aus der Baureihe T3, die bis 1952 im Einsatz war, zieht die originalen Wagen an einzelnen Sonntagen durch die abwechslungsreiche Landschaft.

Das *Chanderli* nennen die Einheimischen liebevoll ihren historischen Dampfzug, der 1995 seinen 100. Geburtstag feiern konnte. Auf 13 Kilometern verkehren die Sonderfahrten seit 1986 von Haltingen bis in die Töpferstadt Kandern.

Die *Eisenbahnfreunde Breisgau* lassen von Juni bis Oktober den Rebenbummler zwischen Riegel und Breisach an der Nordwestseite des Kaiserstuhls entlangschnaufen. Da die Fahrradmitnahme möglich ist, bietet sich eine Fortsetzung der Fahrt auf zwei Rädern an. Auf der Albtalbahn fahren von Karlsruhe aus Dampfzüge nach Bad Herrenalb, wo man dann gemütlich einen Kaffee trinken kann – die Murgtalbahn ist bei Eisenbahnfreunden wegen ihrer kurvenreichen Steigungsstrecke sehr beliebt. Technisch anspruchsvoll war 1867 auch der Bau der Schwarzwaldbahn mit ihren 27 Tunnels und Spitzkehren. Um nicht über schwäbisches Gebiet fahren zu müssen, hatte der badische Eisenbahningenieur Robert Gerwig das Meisterstück zu vollbringen, 450 Höhenmeter auf einer Luftlinienentfernung von zehn Kilometern zu überwinden. Auch am Bau der Höllentalbahn war Gerwig beteiligt. Sie wurde 1887 zwischen Freiburg und Neustadt fertig gestellt. Auch auf dieser Strecke, die über die spektakuläre Ravennabrücke führt, ist eine enorme Steigung zwischen Höllsteig und Hinterzarten zu überwinden. Das dichte Schienennetz wird mit engmaschigen Buslinien ergänzt, so dass man im Schwarzwald getrost auch seinem Auto eine Erholungspause gönnen kann.

0 5 10 15 km
© KARTOGRAPHIE Peh & Schefcik, Eppelheim
FRANKREICH
Elsass
Baden-Württemberg
SCHWEIZ
Naturpark Schwarzwald Mitte/Nord
Naturpark Südschwarzwald
Schwarzwald
Ortenau
Breisgau
Markgräfler Land
Kaiserstuhl
Pfinzgau
Heckengäu
Schwäbische Alb
Hotzenwald
Klettgau
Karlsruhe
Bretten
Kloster Maulbronn
Mühlacker
Vaihingen/Enz
Pfinztal
Königsbach-Stein
Rheinstetten
Durmersheim
Bietigheim
Ettlingen
Karlsbad
Pforzheim
Ötigheim
Malsch
Rastatt
Marxzell
Neuenbürg
Ditzingen
Tiefenbronn
Pferderennbahn
Kuppenheim
Gaggenau
Hagenau
Iffezheim
Leonberg
Stuttgart
Therme/Spielkasino
670 Merkur
723
Schömberg
Bad Herrenalb
Sinzheim
Baden-Baden
Gernsbach
Bad Wildbad
Bad Liebenzell
Weil der Stadt
Rhein-münster
Klosterruine Hirsau
Weisenbach
823
Calw
Sindelfingen
Lichtenau
Hohloh 984
Bühl
Bühlertal
Badener Höhe 1002
Forbach
Enzklösterle
Bad Teinach-Zavelstein
Böblingen
Rheinau
Ottersweiler
Schwarzenbach Talsperre
Sasbach-walden
Achern
Hornisgrinde 1164
Mummelsee
Wildberg
Straßburg
Renchen
Kappelrodeck
940
Altensteig
Herrenberg
Kehl
Willstätt
Appenweier
Ruine Schauenburg
Schwarzwald-hochstraße
1055 Schliffkopf
Kloster-reichenbach
751
Pfalzgrafenweiler
Burgruine Hohennagold
Nagold
Tübingen
Oberkirch
Offenburg
Schloß Staufenberg
Oppenau
Baiersbronn
Freudenstadt
Rottenburg
Durbach
971 Kniebis
Marktplatz
Dornstetten
Horb
Schutterwald
Mooskopf 871
839
Bad Peterstal-Griesbach
Bad Rippoldsau
947
Hohberg
Gengenbach
Loßburg
Schwanau
Friesenheim
Zell am Harmersbach
932 Brandenkopf
Benediktiner-kloster
Alpirsbach
Sulz am Neckar
Hechingen
Biberach
851
Lahr
Seelbach
Fischer-bach
Burg Hohenzollern
Kappel-Grafenhausen
Steinach
Hausach
Wolfach
Schiltach
Oberndorf am Neckar
Europapark
Rust
Haslach
Kirnbach
Schlettstadt
Freilichtmuseum Vogtsbauernhof
Mooswaldkopf 879
Balingen
Ettenheim
Gutach
Herbolzheim
Hornberg
Schramberg
Kenzingen
744 Hünersedel
1045
Elzach
926
Rottweil
Wyhl
Endingen
Schonach
Teningen
1155 Rohrhardsberg
Triberg
St. Georgen
Hochburg
Triberger Wasserfälle
Schönwald
Totenkopf 557
Emmendingen
Waldkirch
Brend 1148
Simonswald
Villingen-Schwenningen
Spaichingen
Denzlingen
Trossingen
Kandel 1242
Furtwangen
Vöhrenbach
Ihringen
Münster Breisach
Gundelfingen
Glottertal
Uhrenmuseum
Gütenbach
Solbad Bad Dürrheim
St. Peter
Münster
Freiburg im Breisgau
St. Märgen
1141 Steinberg
Schollach
Tuttlingen
Schallstadt
Kirchzarten
Höllental
1190
Donaueschingen
Schloß
Neustadt
Hüfingen
Schauinsland 1284
Titisee-
Hinterzarten
1190 Hochfirst
Löffingen
Bad Krozingen
Heitersheim
Staufenburg
Staufen
1493 Feldberg
Feldsee
Titisee
Breitnau
Lenzkirch
Eichberg 912
Blumberg
Stockach
Münstertal
Todtnau
1415 Herzogenhorn
Schluchsee
Wutachschlucht
Neuenburg
Sulzburg
1414 Belchen
Bonndorf
Müllheim
Badenweiler
Schönau
Bernau
Schluchsee
Rothaus
900
Singen
Blauen 1165
1224
896 Schlossranden
Hohentwiel
Radolfzell
Schliengen
1084
1263 Hochkopf
St. Blasien
Benediktinerabtei
Stühlingen
Höchenschwand
Allensbach
Todtmoos
Schaffhausen
Zeller See
Bad Bellingen
Kandern
Zell im Wiesental
Neuhausen
Reichenau
545
983
Gugeln 997
Rheinfall
Steinen
Herrischried
Klettgau
Stein am Rhein
Efringen-Kirchen
Schopfheim
Wehr
Görwihl
Waldshut-Tiengen
Jestetten
Weil
Lörrach
Albbruck
St.-Louis
Riehen
Rheinfelden
Bad Säckingen
Laufenburg
Hohentengen
Frauenfeld
Basel
Rhein
Enz
Alb
Murg
Nagold
Würm
Große Enz
Kleine Enz
Neckar
Kinzig
Wolfach
Schutter
Elz
Ill
Taubergießen
Glotter
Dreisam
Tuniberg
Breg
Brigach
Gauchach
Donau
Wutach
Wiese
Alb
Aare

Fotos: Clemens Emmler
Text (ohne Bildlegenden): Beate Kierey

Layout: Grafikdesign Ulrike Storch
Gestaltung Umschlag: Wolfgang Heinzel

Printed in EU
ISBN 978-3-7243-0421-0

LEGENDEN

Bild Vorsatz
Spektakuläre Stimmungen, untermalt von unheimlichem Tosen machen die Wutachschlucht zum unvergesslichen Erlebnis

Bild Seite nach Vorsatz
Blick auf den Mummelsee im Nordschwarzwald

Bild Seite 1
Europas längste gedeckte Holzbrücke misst etwa 200 Meter und verbindet Bad Säckingen über den Rhein mit der Schweiz

Bild Seiten 2/3
Frühling überm Höllental

Bild rechts
Der Steinerne Ritter wacht über den Marktplatz in der Fachwerkstadt Gengenbach

Bild Nachsatz
Zwei Länder – eine Stadt – ein Strom: links das deutsche, rechts das schweizerische Laufenburg am Hochrhein

VOLKSBANK